The International Highrise Award 2008
Internationaler Hochhaus Preis 2008

Stadt Frankfurt am Main   DekaBank   DAM Deutsches Architekturmuseum   jovis

Inhalt **Contents**

Grußworte
Greetings

4 **Petra Roth**
Oberbürgermeisterin der Stadt Frankfurt am Main
Lady Mayoress of the City of Frankfurt am Main

6 **Matthias Danne**
Mitglied des Vorstandes der DekaBank
Member of the DekaBank Board of Management

8 **Peter Cachola Schmal**
Direktor **Director Deutsches Architekturmuseum (DAM)**
Michaela Busenkell
Kuratorin **Curator**

Essay
Essay

10 Eine Taxonomie der Hochhäuser
A Taxonomy of Towers
Alejandro Zaera-Polo

Gewinner Internationaler Hochhaus Preis 2008
Winner of the International Highrise Award 2008

34 **Hearst Headquarters, New York, USA**
Foster + Partners, London

Finalisten Internationaler Hochhaus Preis 2008
Finalists of the International Highrise Award 2008

48 **Missing Matrix Building (Boutique Monaco),** Seoul, Südkorea **South Korea**
Mass Studies, Seoul

54 **Newton Suites,** Singapur **Singapore**
WOHA, Singapur **Singapore**

60 **New York Times Building, New York, USA**
Renzo Piano Building Workshop, Paris

66 **TVCC – Television Cultural Center,** Peking **Beijing, China**
OMA Office for Metropolitan Architecture Rotterdam/Beijing

Besondere Anerkennung Internationaler Hochhaus Preis 2008
Special Recognition International Highrise Award 2008

72 **WestendDuo, Frankfurt am Main** Deutschland **Germany**
KSP Engel und Zimmermann, Frankfurt am Main

Nominierte Projekte Internationaler Hochhaus Preis 2008
Nominated Projects International Highrise Award 2008

77 Adia Headquarters, Abu Dhabi Vereinigte Arabische Emirate **United Arab Emirates**
Kohn Pedersen Fox Associates (International) PA, London

Air Apartments, Broadbeach/Queensland Australien **Australia**
Ian Moore Architects, Sydney

78 Bahrain World Trade Center, Manama Königreich Bahrain **Kingdom of Bahrain**
Atkins, Dubai

Beetham Hilton Tower, Manchester Großbritannien **United Kingdom**
Ian Simpson Architects, Manchester

79 Chaowei Men Peking **Beijing**, China
Steidle + Partner, München und **and** Strategy Architectural Design Co. Ltd., Peking **Beijing**

Eureka Tower, Melbourne Australien **Australia**
Fender Katsalidis, Melbourne

80 Hesperia Hotel and Conference Center, L'Hospitalet/Barcelona Spanien **Spain**
Richard Rogers Partnership, London

Holloway Circus, Birmingham Großbritannien **United Kingdom**
Ian Simpson Architects, London

81 Meriton Tower, Sydney Australien **Australia**
Harry Seidler & Associates, Sydney

PopMoma, Peking **Beijing**, China
Baumschlager-Eberle, Peking

82 Regent Place, Sydney Australien **Australia**
Foster + Partners, London

Torre Espacio, Madrid Spanien **Spain**
Pei Cobb Freed & Partners Architects LLP, New York

83 Torre SyV, Madrid Spanien **Spain**
R&AS Rubio & Álvarez-Sala, Madrid

Vertical Courtyard Apartment, Hangzhou, China
Amateur Architecture Studio, Hangzhou

84 Wanda Plaza Peking **Beijing**, China
gmp Architekten von Gerkan, Marg und Partner, Berlin/Beijing

The Willis Building, London Großbritannien **United Kingdom**
Foster + Partners, London

85 7 World Trade Center, New York, USA
Skidmore, Owings & Merrill LLP, New York

86 Impressum Ausstellung **Imprint Exhibition**

87 Impressum Katalog **Imprint Catalogue**

88 Abbildungsnachweise **Illustration Credits**

Petra Roth
Oberbürgermeisterin der Stadt Frankfurt am Main

Mit dem Engagement für den Internationalen Hochhaus Preis 2008 bekennt sich die Stadt Frankfurt am Main ein weiteres Mal zu einem Planungskonzept, das sie seit über 50 Jahren weiter entwickelt hat und zu dessen Resultaten auch eine atemberaubende Skyline gezählt werden kann, die in Deutschland einzigartig ist.

Seit dem Wiederaufbau hat sich Frankfurt, begleitet von ständigen fruchtbaren Diskussionen zwischen Traditionalisten und Modernisten, immer wieder für das Zeitgenössische, das Heutige entschieden, in der Architektur wie in anderen Bereichen. Dies garantiert Frankfurt genau die kontinuierliche Aktualität, die sie zu einer der attraktivsten Städte und Wirtschaftsstandorte Deutschlands macht. Dabei ist es den Stadtplanern gelungen, eine individuelle europäische Vision des Bebauungstypus zu generieren, der sich bis vor kurzem noch auf den Kernbereich der so genannten City konzentriert hat.

Nun aber setzt Frankfurt zu einer erneuten Transformation seiner Skyline an, die sich nicht nur in der einen oder anderen neu hinzukommenden Turmspitze ausdrücken soll. Das ehrgeizige Projekt der EZB ist das spektakulärste Moment, das der neue Hochhausrahmenplan vorsieht und mit dem zugleich eine Landmarke im Osten der Stadt entstehen soll; aber auch im Westen und im Norden werden in naher Zukunft Akzente gesetzt, die zu einer neuen Stadtsilhouette beitragen werden.

Mit der Vergabe des Internationalen Hochhaus Preises will die Stadt in ihrer Rolle als eines der Kulturzentren Deutschlands das Signal übermitteln, dass es im Hochhausbau nicht nur um Höhe oder Spektakel gehen darf, sondern die Suche nach Qualitätsmerkmalen wie Nachhaltigkeit, Einbindung in den bestehenden Kontext zusammen mit einer zukunftsweisenden Ästhetik eine herausragende Rolle spielen müssen. Dank des Engagements des Deutschen Architekturmuseums (DAM) und der großzügigen Unterstützung der DekaBank kann die Stadt den Internationalen Hochhaus Preis in diesem Jahr bereits zum dritten Mal vergeben und eine begleitende Ausstellung zeigen.

Petra Roth
Lady Mayoress of the City of Frankfurt am Main

With its support for the International Highrise Award 2008, the city of Frankfurt am Main is once again championing an approach to planning that it has consistently advanced for over fifty years now – one of the results of that method is the city's breathtaking skyline, which is quite unique in Germany.

Since reconstruction in the 1950s, Frankfurt has – in the course of constant, fruitful debate between the traditionalists and the modernists – repeatedly opted for the contemporary, the new, be it in architecture, or in other areas. This guarantees that Frankfurt is continuously abreast of the day, making it one of Germany's most attractive cities and most preferred places to do business. In the process, city planners have succeeded in generating an individual, visionary, European type of high-rise that until recently was concentrated in the downtown area. And now Frankfurt is once again transforming its skyline, something that will be not be expressed by just another new tower. The ambitious ECB project is the most spectacular element envisaged in the new high-rise master plan and will also function as a landmark in the East of the city; likewise in the near future new highlights will arise in the West and North, helping to forge a new silhouette for the city.

By bestowing the International Highrise Award, the City of Frankfurt seeks to emphasize its role as one of Germany's cultural centers and signal that in high-rise construction the focus must not just be on height or spectacular appearance, but on other outstanding qualities as well, such as sustainability and a logical place in an existing context, not to mention pioneering aesthetics. Thanks to the efforts of Deutsches Architekturmuseums (DAM) and the generous support of DekaBank, this year the City of Frankfurt is proud to bestow the International Highrise Award for the third time. The best entries will be showcased for the occasion in a special exhibition.

WestendDuo, Frankfurt am Main
Architekten Architects: KSP Engel und Zimmermann

Matthias Danne
Mitglied des Vorstandes der DekaBank

Hochhäuser sind die sichtbarsten Zeichen von Architektur und Immobilienwirtschaft. Bis zu 600 Wolkenkratzer wachsen weltweit jedes Jahr in die Höhe. Doch nur fünf der in den vergangenen beiden Jahren errichteten „Himmelsstürmer“ durfte eine internationale Jury aus Architekten, Immobilienfachleuten und Kritikern für den Einzug ins Finale des Internationalen Hochhaus Preises 2008 zulassen. Dort setzte sich schließlich der von Lord Norman Foster in New York errichtete Hearst Tower durch. Das Gebäude, ein einmaliges Zeugnis architektonischer Schaffenskraft und Kreativität, sucht seinesgleichen und ist ein würdiger Preisträger.

Das Hochhaus in sehr guter Lage von Manhattan beeindruckt nicht nur mit einzigartiger und innovativer Optik, sondern besticht ebenso durch seine ökonomisch und ökologisch nachhaltige Bauweise. Auch hier ist das Bauwerk der Zeit voraus. Es demonstriert, dass sich Wirtschaftlichkeit und Nachhaltigkeit nicht gegenseitig ausschließen, sondern im Gegenteil sogar bedingen. Der Hearst Tower erfüllt damit in idealer Weise die Kriterien, die für uns als einer der führenden Immobilieninvestoren in Europa ebenfalls Richtschnur von Investitionsentscheidungen sind.

Die DekaBank freut sich, als Partnerin der Stadt Frankfurt und des Deutschen Architekturmuseums (DAM) den Internationalen Hochhaus Preis zu stiften. Faszinierende Einblicke in die aktuelle Welt des weltweiten Hochhausbaus gibt die begleitende Ausstellung „Internationaler Hochhaus Preis 2008“ im DAM. Darüber hinaus wollen wir die Diskussion mit der neuen Vortragsreihe „Deka HighRise Lectures“ anregen: Renommierte Hochhausarchitekten berichten regelmäßig in unserer Konzernzentrale, dem Trianon, in fast 200 Metern Höhe über international bedeutende Hochhausprojekte.

Matthias Danne
Member of the DekaBank Board of Management

High-rise buildings provide the most conspicuous signs of architecture and the real estate industry. Worldwide, up to 600 skyscrapers spring up into the heavens each year. However, an international jury of architects, real estate professionals, and critics selected only five of the “high flyers” built in the last two years for entry into the finals of the 2008 International Highrise Award, where the Hearst Tower constructed by Lord Norman Foster in New York ultimately prevailed. The building provides a unique and unparalleled example of architectural imagination and creativity and is a worthy winner of the award.

The building is in an excellent location in Manhattan, and is impressive both for its unique, innovative visual appearance as well as its economical and ecologically sustainable design. This combination also shows how far the structure is ahead of its time. It demonstrates that economic efficiency and sustainability are not mutually exclusive, but in fact the opposite, namely mutually dependent. As a result, the Hearst Tower ideally satisfies the criteria that we, as one of the leading property investors in Europe, also use to guide our investment decisions.

DekaBank is pleased to partner with the City of Frankfurt and the German architecture museum – Deutsches Architekturmuseum (DAM) to provide financial support for the International Highrise Award. The accompanying “2008 International Highrise Award” exhibition in the DAM provides fascinating insights into the modern world of high-rise construction worldwide. We also hope to stimulate further discussion with our new “Deka HighRise Lectures” series, in which renowned high-rise architects make regular presentations on internationally significant high-rise projects almost 200 meters above ground level in our Group headquarters building, the Trianon.

Jurysitzung Meeting of the jury, DekaBank (Trianon Hochhaus High-rise), Frankfurt am Main Mitglieder der Jury Members of the jury 2008: Alejandro Zaera-Polo (Juryvorsitzender Chairman), Foreign Office Architects, London; Layla Dawson Architektin, Autorin und Kritikerin Architect, author and critic, Hamburg; Manfred Grohmann, Bollinger + Grohmann Ingenieure, Frankfurt am Main/Wien; Suzanne Stephens Stellvertretende Chefredakteurin Deputy editor Architectural Record, New York; Franz Lucien Mörsdorf Geschäftsführer Managing director Deka Immobilien, Frankfurt am Main; Felix Semmelroth Kulturdezernent Councillor Department of Culture and Science Stadt Frankfurt am Main; Peter Cachola Schmal Direktor Director Deutsches Architekturmuseum (DAM), Frankfurt am Main. Stellvertretende Jurymitglieder Substitutional members: Klaus Bollinger, Bollinger + Grohmann Ingenieure, Frankfurt am Main/Wien; Patricia Tratnik Referentin Dezernat Kultur und Wissenschaft Expert Department of Culture and Science, Stadt Frankfurt am Main

Peter Cachola Schmal
Direktor Deutsches Architekturmuseum (DAM)
Michaela Busenkell
Kuratorin

Neben der großen Debatte um Auftraggeber, politische Korrektheit im Umgang mit „Despotenstaaten" und Stararchitekten bestimmen Themen wie Nachhaltigkeit, städtebauliche Einbindung, zukunftsweisende Gestaltung, innovative Technik und Wirtschaftlichkeit die aktuelle Architekturdebatte und entsprechen den Anforderungen, die an die nominierten Gebäude für den Internationalen Hochhaus Preis 2008 gestellt werden.

Heute sind es nicht nur die spektakulären Formen und neue Höhenrekorde, mit denen Hochhäuser weltweit Aufmerksamkeit auf sich ziehen. Es geht vielmehr darum, inwieweit das Gebäude eine spezifische Lösung für die vorgegebene Situation darstellt. So ist der New Yorker Hearst Tower eine radikal eigenwillige Antwort auf die Frage nach der zeitgenössischen Erweiterung eines bestehenden Art-Deco-Sockelgebäudes und die Suche nach einem effizienten Tragwerk, die zu einer neuen Interpretation des diagonalen Tragwerkverbands führte und einen neuen Typus entstehen ließ.

Der in der Ausschreibung geforderte Dialog mit dem urbanen Kontext verweist darauf, dass Hochhäuser keine isolierten Megasolitäre sind, die mit einer autoreferenziellen Haltung nur aus sich selbst erwachsen, wie vielerorts zu sehen. Vielmehr geht es um die Wechselwirkung mit bestehenden urbanen Strukturen, dem Kulturkreis und den klimatischen Standortfaktoren, die, sofern sie in die Planungskonzepte einfließen, neue Typologien begründen oder Verfeinerungen bekannter Typologien entstehen lassen können. Insbesondere der Anspruch an die Nachhaltigkeit gewinnt in Zeiten steigender Energiepreise an Bedeutung. Bereits 1997 ist der Leitgedanke eines energieeffizienten Gebäudes von Foster + Partners mit dem Frankfurter Commerzbank-Hochhaus umgesetzt worden; für die Zukunft der Architektur wird das Thema in Kombination mit Technik und Wirtschaftlichkeit noch weitaus mehr an Bedeutung gewinnen.

Mit der Vergabe des Internationalen Hochhaus Preises will das Deutsche Architekturmuseum (DAM) mit der Stadt Frankfurt am Main und der DekaBank nicht nur einen herausragenden und beispielhaften Bau prämieren, sondern auch anhand der Auswahl an Finalisten und der nominierten Gebäude den Prozess der Hochhausentwicklung im 21. Jahrhundert nachvollziehen. Die Vergabe des Preises alle zwei Jahre soll auf lange Sicht zu einer kontinuierlichen Dokumentation der zeitgenössischen Hochhausentwicklung auf höchstem Niveau führen.

Peter Cachola Schmal
Director Deutsches Architekturmuseum (DAM)
Michaela Busenkell
Curator

Alongside the major debate on clients, political correctness in handling "despotic states" and star architects, it is the issues of sustainability, urban integration, future design, innovative technology and cost efficiency that define the current debate in architecture. They likewise define the standards set for the buildings nominated for the International Highrise Award 2008.

Today, high-rises the world over catch the eye not for their spectacular shapes and new record heights. Instead, the focus is more on the extent to which the building marks a specific response to the existing urban setting. Thus the Hearst Tower in New York is a radical and unique answer to the question of finding a contemporary extension for the existing Art Deco pedestal building and an efficient load-bearing structure, which led to a new interpretation of the diagonal grid and on this basis gave birth to a new building type.

The brief for the award requires that the building engage in dialog with the urban context, and this indicates that high-rises are not isolated mega-stand-alones that rise up in some self-referential stance as is often to be seen elsewhere. Instead, what is called for is interaction with existing urban structures, the particular local culture and the climatic factors on site, which, to the extent that they play a role in the planning concept, can lay the foundations for new typologies or lead to refinements of existing typologies. In particular in an age of rising energy prices the call for sustainability is becoming increasingly important. As early as 1997, the key idea of an energy-efficient building was realized by Foster + Partners with their Frankfurt Commerzbank high-rise; and the issue of combining technology and cost efficiency will be of far greater importance for the future of architecture.

Deutsches Architekturmuseum (DAM) along with the City of Frankfurt am Main and DekaBank bestow the International Highrise Award not only in recognition of an outstanding and exemplary building, but also with the choice of finalists and nominated buildings to highlight the development of high-rise architecture in the 21st century. The prize is awarded every two years with the intention being in the long run to provide ongoing documentation of contemporary trends in high-rise development of the very highest quality.

Hearst Headquarters, New York
Architekten Architects: Foster + Partners

Nach einer zwei Jahrzehnte währenden Auszeit, die fast genau mit der Lebensspanne des World Trade Center in Manhattan übereinstimmt, ist das Hochhaus wieder en vogue. Das World Trade Center wurde 1972 fertiggestellt, ein Jahr, bevor der Bau des Sears Tower in Chicago abgeschlossen wurde und die Ölkrise sich anbahnte. Aufgrund der Zweifel an einer auf Öl basierenden Gesellschaft kam der Wettlauf um das höchste Gebäude vorübergehend zum Stillstand. Doch dieser Niedergang scheint bewirkt zu haben, dass das Charisma, über das hohe Häuser verfügen, heute wieder überzeugt. Auf einigen Websites wird die wachsende Zahl an Hochhäusern weltweit verfolgt, werden ihre technischen Errungenschaften diskutiert und bewundert. Laut Emporis, einer dieser Websites, wurden 40 Prozent der weltweit bestehenden Hochhäuser – Gebäude mit mehr als zwölf Stockwerken – seit 2000 gebaut, und acht Prozent des Anteils an hohen Gebäuden weltweit befinden sich im Bau. Die Stadt mit den meisten Hochhäusern der Welt – Benidorm, Spanien – hat bereits ein Hochhaus für alle 180 Einwohner. In Santos, Brasilien, gibt es sogar einen Hochhausfriedhof, den Memorial Necropole Ecumenica III.

Die Faszination liegt nicht allein in der wiedererstandenen Bedeutung von urbanem Charisma, dem Glamour des Highlife, den atemberaubenden Ausblicken, dem Gefühl von Macht angesichts innovativer Technologie sowie eifrig summender technischer Spielereien und auch nicht im Schwindelgefühl, das sich einstellt, wenn die Gebäude im Wind schwanken. Über all dies hinaus gibt es den unvermeidbaren Trend zur Verdichtung der bestehenden städtischen Zentren, da die Menschen in den urbanen Ballungsgebieten zusammenströmen. Über ihre wiederentdeckte ästhetische „Hipness" hinaus stellen hohe Gebäude ein Verdichtungsmodell zur Verteilung der Bevölkerung dar, das dazu beiträgt, den Grüngürtel vor den sich konstant ausdehnenden Vororten zu schützen. Einst den reichsten und mächtigsten Einwohnern der Weltfinanzzentren vorbehalten, werden Wolkenkratzer in manchen Städten zu einer Art lokaler Typologie der Mittelschicht. Der Erfolg von Hochhauskomplexen mit Mischnutzungen, wie Roppongi Hills in Tokio, The Arch in Kowloon, Tower Place in Seoul und Kanyon in Istanbul, wird von internationalen Bauunternehmen als Vorbild für qualitätsvolle Stadtentwicklung und üppigen Profit betrachtet, das, so es die Umstände erlauben, möglichst oft wiederholt werden sollte.

Einer der Gründe für die Demokratisierung von hohen Gebäuden ist die beachtliche Weiterentwicklung entsprechender Gebäudetechnologien: widerstandsfähigere Materialien und zeitsparende Bautechnologien für Stahl und Beton, hocheffiziente vorgehängte Fertigfassadensysteme mit ausgezeichneten Isolierwerten und Sonnenfiltereigenschaften, intelligent gestaltete vertikale Transportsysteme mit höherer Tragfähigkeit, mehr effiziente Energieanlagen, die auf erneuerbaren Energien beruhen. Die Effizienz von Hochhäusern ist heute wesentlich größer als 1973, und der Bau sowie der Unterhalt von Hochhausgebäuden sind für ein immer größer werdendes Kundenspektrum erschwinglich. Der Bau von Wohnhoch-

After a two-decade lapse that coincides almost exactly with the lifespan of the World Trade Center in Manhattan, high-rise building is back in vogue. The World Trade Center, finished in 1972 – one year before the Sears Tower in Chicago – was completed as the 1973 oil crisis unfolded, pausing the race for taller buildings by instilling doubts about the solidity of an oil-based economy. Their demise seems to have convinced everyone again of the charisma that tall buildings command. A few websites are now devoted to following the growing array of high-rise buildings worldwide and to discussing and admiring their technical prowess. According to Emporis, one of these websites, 40 percent of the high-rise buildings – buildings above twelve stories – on the earth have been built since 2000, and around 8 percent of the world's stock of tall buildings is under construction right now. The most high-rise-intensive city in the world – Benidorm, Spain – already has one high-rise building for every 180 inhabitants; there is even a high-rise cemetery, the Memorial Necrópole Ecumênica III, in Santos, Brazil.

The fascination is not just with the renewed importance of urban charisma, the glamour of high-life, the breathtaking views, the feeling of power from living with cutting edge technology and humming gadgets, or even the vertigo caused by buildings swaying in the wind. There is also the inevitable trend towards the densification of existing urban centers, as the planet's human population flocks irreversibly towards urban cores. Beyond their renewed aesthetic hipness, tall buildings offer a high-density model for distributing population on the planet that helps preserve the green belt from the ever-expanding suburb.

Once the preserve of the very rich and powerful inhabitants of the world financial centers, skyscrapers in some cities are becoming a sort of vernacular typology engaging the middle class. The success of high-rise, mixed-use complexes like Roppongi Hills in Tokyo, The Arch in Kowloon, Tower Place in Seoul, and Kanyon in Istanbul is being noticed by international developers as an example of urban development quality and plentiful profit to be replicated as often as circumstances allow.

One of the reasons for the democratization of building height has been a substantial development of related building technologies: materials with higher strength and faster construction technologies, in steel and concrete; high-efficiency curtain-wall systems with superior insulation and solar filtering values; intelligent vertical transportation systems with higher lifting capacities; more efficient energy plants running on renewable sources. The efficiency of high-rises is now substantially greater than it was in 1973 and this is making the construction and maintenance of high-rise buildings affordable for a widening spectrum of customers. As opposed to the post-war high-rise residential construction – which was the result of

Newton Suites Singapur Singapore
Architekten Architects: WOHA

Adia Headquarters, Abu Dhabi
Architekten Architects: Kohn Pedersen Fox Associates

häusern in der Nachkriegszeit war das Ergebnis einer aufgeklärten Politik und Stadtplanung, die Hochhäuser wurden vor allem für die geringverdienende Bevölkerung errichtet. Im Gegensatz dazu ist der Bau von neuen Wohnhochhäusern heute auf eine entsprechende Marktnachfrage zurückzuführen.

Die Antwort der Bauindustrie auf die der Hochhaustypologie inhärente Komplexität und die Maßgabe der Wirtschaftlichkeit besteht darin, dass man derartige Projekte in unterschiedliche Problembereiche unterteilt, die dann von verschiedenen Fachleuten betreut werden. Das typische Hochhaus wird heutzutage zunächst anhand gut etablierter Marktwerte entwickelt, die von Immobilienspezialisten verwaltet werden: Massenkennzahlen, Abstand von der Fassade zum Gebäudemittelpunkt, Grundrissgrößen, Planungsraster, Deckenhöhe, Netto- und Bruttoflächenverhältnisse sowie Fassadenkennzahlen stellen nur die ersten zu überwindenden Hindernisse dar. Sicherheitsbestimmungen und Aufzugkapazitäten, die von Spezialisten für Vertikaltransport und Brandschutzberatern ausgewertet werden, sind weitere Hemmnisse. Vorschriften zum Umweltschutz schränken die Gestaltung der Fassade ein, da bestimmte Tageslicht- und Isolierwerte sowie Solarertragswerte erreicht werden sollen. Und schließlich bestimmen die Kompetenz und Zeiteffizienz der Bauindustrie vor Ort und der Preis der Materialien, die den Anforderungen der Statiker, der bautechnischen Berater und der Bauunternehmer zu entsprechen haben, welche Struktur – und damit Baumasse – das Projekt erhalten könnte.

Die rücksichtslose Durchsetzung des Wirtschaftlichkeitsprinzips führt meistens dazu, dass der größte Teil des Gebäudes schon „gestaltet" ist, bevor die Architekten überhaupt einbezogen werden; deren gestalterische Funktion ist dann häufig auf die Fassade (unter Hinzuziehung von Beratern für Fassadenkonstruktionen), die Eingangshalle und die Toiletten beschränkt. Die einzige Möglichkeit, zu vermeiden, dass die Auswirkungen dieser Aspekte den Entwurf bestimmen, ist gegeben, wenn das Projekt die Entwicklung eines Markenimages für ein Unternehmen, eine Stadt oder einen Bauträger erfordert. Im besten Falle wird dem Architekten ein gewisser Einfluss gewährt, wenn er eine Gebäudefassade zu entwerfen hat, die für potenzielle Kunden interessant ist, oder er ist angehalten, einen Markenwert für den Eigentümer zu kreieren beziehungsweise Planungsausschüsse und Politiker vor Ort zu überzeugen, höhere Geschossflächenzahlen zu genehmigen.

Momentan gibt es sehr viele Entwurfswettbewerbe, die große Beachtung finden; öffentlichkeitsbewusste Kunden beauftragen bekannte Architekten, spektakuläre Gebäude zu entwerfen, die sich allen Konventionen widersetzen, auch denen der Ökonomie. Die Frage ist hier, wie sich Innovation von Neuheit unterscheiden lässt, insbesondere angesichts der Doppelmoral, die für Hochhausprojekte der Gegenwart bezeichnend ist. Diese Projekte unterliegen entweder der erbarmungslosen Kosteneffizienz, die die Möglichkeiten auf die Wiederholung bewährter Modelle beschränkt; oder sie fallen der Ökonomie des Markenimages anheim, wo alles möglich ist und im Bestreben um das Neuartige jegliche signifikante Verbindung zur Typologie des Hochhausturms entfällt. Jene Projekte, die eigentlich die Möglichkeit böten, die gängigen Richtwerte zu verschieben, werden oft missbraucht, um in einer willkürlichen Geste bizarre und spektakuläre Hochhäuser

enlightened politics and urbanism, mostly for low-income populations – new high-rise residential building is driven by market demand.

The building industry's answer to the inherent complexity of the high-rise typology and the scale of its economies has been to break projects into different problems to be resolved by different experts. The typical high-rise today is designed first by well-established market ratios administered by real-estate specialists: population ratios, façade-to-core depths, floor-plate sizes, planning grids, floor-to-floor heights, net-to-gross ratios, and façade ratios form the first level of constraint. Safety regulations and lift capacities, interpreted by vertical transportation and fire consultants, add more constraints. Environmental regulations constrain the skin design to achieve certain daylight and insulation values and solar-gain ratios. Finally, the local construction industry's speed and skills and the price of commodities filtered through the structural consultants or contractors determine what kind of structure – and therefore massing – the project may acquire.

The ruthless force of these economies has usually "designed" most of the building by the time architects get involved, relegating their role to the design of the skin (usually with contributions by façade consultants), lobby, and toilets. The only possibility of preventing these forces from controlling design comes when the project requires the delivery of an image to brand a corporation, city, or developer. In the best-case scenario, the architect is empowered by formalizing an envelope that will be attractive to potential customers, create brand value for the occupier, or seduce local planning committees and politicians to allow higher floor/area ratios.

We are now witnessing an unprecedented number of high-profile design competitions in which attention-seeking clients are commissioning well-known architects to produce spectacular buildings that defy all conventions, including budgetary ones. The question here is how to distinguish innovation from novelty, particularly within the double standard that rules contemporary high-rise projects. These projects are subject either to ruthless efficiencies that constrain possibilities to the repetition of verified models, or they fall into the economy of the brand image in which everything is possible and the desired novelty can direct choices without drawing any significant links to the typological phylum. Those projects that would allow the benchmark to slide further because of their profile, are often misused in producing weird and spectacular high-rises full of contingent gestures that fail to open the market to meaningful experimentation. This one of the reasons that these projects – as opposed to museums, for instance – have remained in the hands of large commercial firms.

To work effectively in this evolving market, we need to develop the typological knowledge that could reactivate the synergies across the divides in which the industry has split the high-rise project. The creation of new relationships between efficiency and expression will allow us to grow beyond the wave of vacuous expressionism that has captured the most interesting high-rise commissions and voided them of

zu bauen, die nicht dazu beitragen, den Markt für sinnvolles Experimentieren zu öffnen. Dies ist einer der Gründe, warum diese Projekte – im Gegensatz beispielsweise zu Museen – in den Händen großer privatwirtschaftlicher Unternehmen verbleiben.

Um in diesem sich entwickelnden Markt effizient zu arbeiten, müssen wir ein Wissen über diese Typologie entwickeln, das die Synergien reaktivieren kann, die die Industrie durch ihre Aufsplitterung von Hochhausprojekten unmöglich gemacht hat. Die Erschaffung neuer Beziehungen zwischen Effizienz und Expression ermöglicht es uns, über die Woge von schaler Expressivität hinauszuwachsen, die die interessantesten Aufträge für Hochhäuser bestimmt und die sie jeglicher echten Innovation beraubt hat. Innovation kann den Kontext existierender Technologien und Marktgesetze nicht ignorieren. Die wirklichen Möglichkeiten für Erfindungen liegen in der Einbindung und Problematisierung dieser scheinbar neutralen Parameter, die die Typologie regulieren.

Urbane Politik: Regel oder Ausnahme

Das Hochhausfieber erzeugt einen enormen Druck in den urbanen Zentren, Raum für neue Hochhausprojekte zu finden, und zwingt die Verantwortlichen in der Stadtplanung häufig, ihre Planungspolitik zu überdenken. Die entscheidende Frage ist, inwieweit Hochhausgebäude immer noch extravagant und einzigartig erscheinen sollen oder ob ihre Zahl so weit gestiegen ist, dass sie längst wichtiger Teil der urbanen Bebauung geworden sind und daher eine differenziertere Politik angestrebt werden muss, die sich nicht auf die Limitierung von Gebäudehöhen beschränkt. Wie könnte eine solche Politik aussehen? Eine Ansammlung urbaner Wahrzeichen an einem strategischen Ort, um neue Blickwinkel zu schaffen? Gestalterische Vorgaben für das Erscheinungsbild und die Ökobilanz von Hochhäusern? Die räumliche Abgrenzung von Bereichen mit unbeschränkten Gebäudehöhen? Eine Politik, die sich an der GFZ (Geschossflächenzahl), dem Maß der baulichen Nutzung in Bezug auf die Kapazität des öffentlichen Transports und Tageslichtgrenzwerte orientiert?

Das Verhältnis zwischen Hochhausgebäuden und Städten ist sehr komplex und stark von der lokalen Atmosphäre geprägt. In den USA sind die Innenstädte gewöhnlich durch sehr dichte Bebauung und Hochhäuser gekennzeichnet, die vor allem dem Sektor Arbeit gewidmet sind. Die Verteilung von Hochhäusern folgt einem monofunktionalen Muster, das meistens von einem Zentrum ausgeht, welches der Finanzwelt vorbehalten ist. In Europa, wo die Vorgänger des Wolkenkratzers Kirchtürme und andere architektonische Machtdemonstrationen sind, werden Hochhäuser im Allgemeinen als antiurban wahrgenommen und in bestimmte Bereiche außerhalb des Zentrums verbannt. Asiatische Städte positionieren ihre Hochhäuser auf weniger idiosynkratische Weise, nämlich als punktuelle Verdichtungen des Stadtraums. Im Rahmen der asiatischen Modelle wurde das Wohnhochhaus als innerstädtische Bodennutzung begeistert aufgenommen. Es gibt kein zentrales Büroviertel oder Hochhausgetto, vielmehr eine Verteilung von dicht bebauten Clustern, in denen die Transportbedingungen ideal sind. Die Hochhauscluster sind das Ergebnis der Schnittmenge aus GFZ, Transportkapazitäten und Verschattung.
Es gibt a priori keine formale Kontingenz oder Abgrenzung.

true innovation, which cannot ignore the context of given technology and marketplace fundamentals; the real opportunities for invention lie in the engagement and problematization of those seemingly neutral parameters that regulate the typology.

Urban Policy for Tall Buildings: Rule or Exception

High-rise fever is putting unprecedented pressure on urban cores to accommodate new skyscrapers, often forcing city leaders to rethink their planning policies. The key question is whether the high-rise building is still extravagant and unique or whether its population has grown so large that it has become an integral part of the urban fabric and therefore requires a more sophisticated policy than just limiting heights. What should be the nature of that policy? A location of landmarks in strategic points to construct new views? A design guideline on the character or environmental performance of tall buildings? The delimitation of zones with unlimited height? A policy of Floor Area Ratio (FAR) allocation related to public transport capacity and daylight thresholds?

The relationship between high-rise buildings and cities is a complex one, and is strongly tinged with local flavor. In the United States, downtown has been traditionally linked to high-density and high-rise buildings, primarily dedicated to workspace. The distribution of high-rises follows a mono-functional pattern radiating from a center, usually one of financial activities. In Europe, where the closest precedents of skyscrapers are church towers and other representations of power, high-rises have been generally perceived as anti-urban and exiled to special precincts away from the center. Asian cities have located their high-rises less idiosyncratically, as punctual intensifications of the fabric.The Asian models have enthusiastically adopted the residential high-rise as an inner-city land use. There is no central business district or high-rise ghetto but instead a distribution of high-density clusters where transportation conditions are optimal. The skyscraper clusters are the result of the intersection of FARs, transport capacities, and the casting of shadows.

There is no *a priori* formal consistency or delimitation. Skyscrapers appear where there is a coincidence of four factors: sufficient transport infrastructure, a high FAR, sufficient land to justify the concentration of a large built floor area, and sufficient distance to neighboring buildings to insure required daylighting. The local tendency to build tall projects by riverfronts or along main infrastructural lines allows for both accessibility and shadow buffers.

In contrast, London is currently facing enormous pressure to densify by delimiting a high-rise cluster formed around Tower 42. The planning envelope follows a sort of Gaussian curve taller at the center and fading towards the edges. Most interestingly, in London there is no FAR assignment by a city plan, as there is in most other European cities: floor-plate allowance is at the discretion of the local planning authorities. Aesthetics feature prominently in the assessment of proposals to the extent that a more “iconic” proposal will have an advantage in the

Rechts right: The Willis Building, London Architekten Architects: Foster + Partners
Mitte mid: Swiss Re Headquarters, London Architekten Architects: Foster + Partners
Links left: Lloyd's of London Architekten Architects: Richard Rogers Partnership

7 World Trade Center
Architekten Architects: Skidmore, Owings & Merrill

Regent Place, Sydney
Architekten Architects: Foster + Partners

Wolkenkratzer erscheinen an Orten, an denen vier Faktoren aufeinandertreffen: ausreichende Transportmöglichkeiten, eine hohe GFZ, ausreichend Land, um die Konzentration einer großen Geschossflächenbebauung zu rechtfertigen, und eine ausreichende Entfernung zu benachbarten Gebäuden, um das erforderliche Tageslicht zu gewährleisten. Die lokale Tendenz, hohe Gebäude am Flussufer oder entlang infrastruktureller Hauptachsen zu bauen, ermöglicht eine gute Anbindung und Schattenpufferzonen.

Anders in Londons Innenstadt, wo dem enormen Druck nach einer dichteren Bebauung mit der Abgrenzung eines Hochhausclusters um den Tower 42 begegnet wird. Der Planungsumriss folgt einer Art Gauss-Kurve, die in der Mitte höher und zu den Rändern hin flacher wird. In London gibt es keine GFZ-Vorschriften nach einem Masterplan wie in den meisten anderen europäischen Städten: Die Zubilligung von Geschossflächen liegt im Ermessen der lokalen Baubehörden. In der Bewertung der Eingaben spielt die Ästhetik eine herausragende Rolle, und ein Entwurf mit ikonischem Charakter wird im Genehmigungsprozess einen Vorteil haben.

In Europa werden Hochhäuser immer noch als Monumente behandelt, die von privaten Unternehmen subventioniert und genutzt, jedoch von öffentlichen Vertretern bewilligt und als Sehenswürdigkeiten an strategischen Orten positioniert werden und einen gewissen Symbolcharakter erfüllen müssen. In der gegenwärtigen europäischen Debatte um Wolkenkratzer sind Innenstädte dem Druck ausgesetzt, eine höhere Bebauungsdichte als Normalität anzuerkennen und gleichzeitig größeren Gebäuden in ihrer Monumentalität Raum zu verschaffen. Diese Auseinandersetzung bietet unter Umständen interessante Möglichkeiten, in hohe Gebäude mit ikonischem Charakter zu investieren, aber auch adäquate Prototypen für lokale urbane Milieus zu entwickeln.

In Asien und auch größtenteils in Amerika ist der Wolkenkratzer ein relativ profanes Bauwerk, dessen Gestaltung mit einer gewissen Gleichgültigkeit begegnet wird. Während in Europa Wolkenkratzer immer noch avantgardistisch sind und von Blickachsen und Beziehungen zur bestehenden Skyline bestimmt werden, sind sie in Asien und Amerika eher integraler Bestandteil der urbanen Bebauung und unterliegen meistens technischen und finanziellen Aspekten (allgemeine Stadtplanungsvorgaben, infrastrukturelle Kapazität, GFZ-Zuweisung, Katastrophenschutz, Tageslichtbestimmungen, Ökobilanz und so weiter).

Es gibt keine einfache Lösung und kein Universalrezept. Was zu einem Wirtschaftsstandort und einer Kultur wie Barcelona passt, kann für London völlig falsch sein. Es ist fragwürdig, ob der „ikonenartige" Ansatz bei Hochhäusern zu einer Entwicklung der Typologie beitragen kann. Doch es ist unwahrscheinlich, dass diese Projekte – bei aller Energie, die sie treibt – neue urbane Modelle hervorbringen können, sofern sie lediglich kommerziellen Interessen dienen. Ohne eine besser durchdachte Verbindung zwischen dem Effizienzpotenzial von Hochhäusern und ihrem Erscheinungsbild wird es schwierig sein, eine stadtplanerische Methodik zu entwickeln.

Erscheinung und Effizienz: Die Ikone und der Typus

In der zweiten Hälfte des 20. Jahrhunderts war das konventionelle Hochhaus vorwiegend von einer eintönigen

planning-permission application process. In Europe, high-rises are still treated as monuments; extravagances that used to be paid for by the king or the church and now are paid for and exploited by private corporations but approved by public agencies, placed as landmarks in strategic locations, and required to have iconic designs. In the current European debate on skyscrapers, a struggle exists between the pressure on urban centers to accommodate a normalization of higher densities, and larger buildings with their monumental character; this struggle may generate interesting opportunities to invest tall buildings with iconic content but also to develop adequate prototypes for local urban milieus.

In Asia and, for the most part, America, the skyscraper is a more mundane endeavor treated with a certain indifference about design. If, in the European case, skyscrapers are still "avant-garde" and are determined by vistas and relationships to the existing skyline, in Asia and America they are more integral to the urban fabric and will be determined largely by technical and financial matters (generic urban planning rules, infrastructural capacity, FAR allocation, disaster-prevention planning, daylight rights, environmental impacts, etc.).

There is no easy conclusion or universal prescription, and what is adequate for an economy and culture like Barcelona's may be totally wrong for London's. It seems unlikely that the "iconic" approach to the skyscrapers will be able to evolve the typology. But it is also true that if there is no further ambition in these projects but to satisfy commercial interests, it is unlikely that the enormous energy that propels them will be able to evolve new urban models. Without a more deliberate connection between the efficiencies of high-rise buildings and their expression, developing an urban policy for them will be difficult.

Expression and Efficiency: The Icon and the Type

The traditional high-rise building from the second half of the twentieth century was primarily determined by the extrusion of a floor plate and a structural grid. Squares, circles, slabs, Hs, Ls, or Ys were the basic plan choices. Gone were Eliel Saarinen, Raymond Hood, or Hugh Ferriss's attempts to derive high-rise form from the constraints of shadows and the need for daylighting, William Van Alen's efforts to invest the skyscraper with a representational charge, and even Robert Le Ricolais' or Buckminster Fuller's attempts to shape the building in response to diagonal forces. Fazlur Khan's experiments with diagrids and tapering spires were isolated and extravagant experiments in an industry in which the efficiency of the grid was a real advantage. In the 1960s and 1970s skyscrapers had been conceptually liberated from the city, and their form was meant to respond only to internal efficiencies of construction technology and program. Only at the end of the 1980s did the representational drive reappear in a series of image-driven high-rises that offered the type again as a center-city agent.

Increasing pressure from the market is now forcing planners and designers to provide towers with more compelling and crafted images than those of the mere

Geschosswiederholung und einem strukturellen Raster geprägt. Quadrate, Kreise, Platten, H's, L's oder Y's lagen den grundlegenden Planungsentwürfen zugrunde. Vorbei war es mit den Versuchen eines Eliel Saarinen, Raymond Hood oder Hugh Ferriss, Hochhäuser aus dem Schattenwurf und dem Bedarf an Tageslicht abzuleiten, oder den Bemühungen eines William van Alen, den Wolkenkratzer gewissermaßen repräsentativ aufzuladen, und sogar die Versuche von Robert Le Ricolais oder Buckminster Fuller, das Gebäude in Abstimmung auf die Diagonalkräfte zu gestalten, fanden ein Ende. Fazlur Khans Experimente mit Diagrids (diagonalen Gittern) und sich verjüngenden Spitzen waren vereinzelte und ausgefallene Experimente in einer Industrie, in der die Effizienz des Rasters ein echter Vorteil war. In den 1960er und 1970er Jahren wurden Wolkenkratzer konzeptuell aus der Stadt herausgelöst, ihre Form sollte lediglich den immanenten planerischen und bautechnischen Effizienzprinzipien gehorchen. Erst zum Ende der 1980er Jahre wurde mit einer Reihe von imageträchtigen Hochhäusern, die innerstädtische Wirkkraft entwickelten, das Interesse wieder geweckt, diesen Typus repräsentativ zu gestalten.

Der zunehmende Druck des Marktes nötigt nunmehr Stadtplaner und Architekten, bestechend raffinierte architektonische Erscheinungsformen zu kreieren, die über die schiere Wiederholung eines eintönigen Stockwerkes hinausgehen. Häufig wird dies durch eine zusätzliche expressive Schicht erreicht, die allein durch eine Gestaltung der Gebäudehülle mittels bestimmter Materialien oder Muster erreicht wird, zum Beispiel mittels Balkonen in Wohntürmen oder durch leichte Deformationen der Fassade bei Bürogebäuden. Eine komplexere und dekorative Gebäudehülle ist vielleicht das ökonomischste Mittel, um im Hochhaus-Design eine Aura zu erzeugen. In einigen Teilen von Shanghai und Guangzhou sind ganze Felder von Türmen einfach als Verlängerung einer optimierten Grundfläche bebaut, die man dann mit einer Auswahl von Tempietti, Pagoden und so weiter ausgestattet hat, um sie individueller zu gestalten. Sie sind, was den Markt betrifft, effizient. Im Gegensatz aber zu den Abtreppungen von Hugh Ferriss für eine stärkere Tageslichteinstrahlung und den verzierten Keramikplatten von Louis Sullivan aus Gründen des Brandschutzes sind sie losgelöst von jeglicher funktionalen Effizienz in der Typologie des Hochhausbaus. Sie dokumentieren ein paradigmatisches Ergebnis der negativen Seite der Industrialisierung von Hochhäusern, wo der gestalterische Ausdruck eine von funktionalen und bautechnischen Aspekten losgelöste Alternative bietet.
Der Konflikt zwischen den wachsenden Anforderungen von Bauträgern und Planern, hohe Gebäude mit einer gewissen Dramatik zu entwerfen sowie andererseits den zunehmend präzisierten Marktanforderungen bietet ein gewisses fruchtbares Potenzial. In den meisten europäischen Städten und zunehmend auch in Städten in Asien und Amerika ist es unwahrscheinlich, dass Bauträger den Behörden einen architektonischen Entwurf vorlegen, der auf eintöniger Wiederholung der Geschosse basiert. Denn ohne dass dieser sich durch eine gewisse formale Komplexität auszeichnet, muss befürchtet werden, dass Stadtplaner und potenzielle Mieter derartige Projekte als zu banal ablehnen könnten. In vielen Städten, insbesondere in der Eurozone, bieten extravagante Projekte im Rahmen von Baugenehmigungsverfahren den Bauträgern einen Vorteil, führen zu einer höheren GFZ des Baugrundstücks und versprechen für das Gebäude einen höheren Gewinn. Das Beispiel 30 St. Mary Axe (Swiss Re)

repetitive extrusions. Very often, this added layer of expression is produced by the mere treatment of the envelope with unusual materials or patterns, by playing with balconies in residential towers, or by slight deformations of the façade in office buildings. An elaborated or a decorated skin is probably the most economical device that can provide an aura in high-rise design. In some sections of Shanghai and Guangzhou, fields of towers are designed simply as extrusions of an optimized footprint but are then given a variety of tempiettos, pagodas, and so on, aimed at individuating them. They are effective as far as the market is concerned, but, unlike Hugh Ferriss's setbacks for daylight and Louis Sullivan's ornamented ceramic panels for fire-protection, they are detached from real efficiency in the tall-building typology. They demonstrate a paradigmatic outcome of the negative side of the industrialization of high-rise, in which expression has become an alternative detached from functional and constructive concerns.

This is a potentially generative conflict between the increasingly demanding requests of developers and planners to produce dramatic tall buildings and increasingly precise market demands. In most European cities and increasingly in cities in America and Asia, it is unlikely that developers will present authorities with an extruded form without any formal complexity because of the fear that planners and potential tenants will dismiss such projects as banal. In many cities, particularly in the Eurozone, extravagant projects help developers get through planning-permission applications, increase the FAR of the site, and eventually attract higher income for the building. The case of Foster's 30 St. Mary Axe (Swiss Re) in London is quite interesting in this respect: because of its unique geometry, it is the first tall building to obtain planning permission in the city for decades. Swiss Re, the commissioner, gained enormous exposure because of this building and sold the building (at a sum that allegedly delivered a profit of around GB£250 million (US$500 million).

In London there is a flood of profiled skyscrapers that, because of their idiosyncratic forms, have been immediately given nicknames: The Gherkin (Foster's 30 St. Mary Axe); The Shard (Renzo Piano's tower in the City); Helter-Skelter (Kohn Pedersen Fox's Bishopsgate Tower). In New York, where simple extrusions were the norm, the World Trade Center's unapologetic simplicity is being replaced by the more complex profiles of buildings like the Freedom Tower and Foster's Hearst Tower.

Some projects are trying to manipulate to dramatic effect some of the constraints that high-rise buildings impose on geometry to escape conventional extrusions and produce bold images. Some of the best examples among these idiosyncratic towers, many designed by Norman Foster, are using structural or functional efficiencies to generate their extravagant profiles. Foster has argued for the round and tapering profile of his 30 St. Mary Axe in London on the grounds that it liberates views around it and decreases wind at street level and its scale in the skyline. His Hearst Tower uses the diagrid that provides extra stability against lateral forces as an argument to produce a profiled volume. His Russia

Regent Place, Sydney (Hintergrund Mitte background, mid)
Architekten Architects: Foster + Partners

Meriton Tower, Sydney (Hintergrund rechts background, right)
Architekten Architects: Harry Seidler & Associates

Hearst Headquarters in der nächtlichen Skyline von New York
Hearst Headquarters in the New York night skyline

Bahrain World Trade Center, Manama Königreich Bahrain Kingdom of Bahrain
Architekten Architects: Atkins Dubai

von Foster in der City von London ist in diesem Zusammenhang sehr interessant: Aufgrund seiner einzigartigen Geometrie ist es das erste hohe Bauwerk seit Jahrzehnten, für das in der City eine Baugenehmigung erteilt wurde. Swiss Re, der Auftraggeber, hat mit diesem Bau eine enorme Aufmerksamkeit auf sich gezogen. Die Firma hat das Gebäude inzwischen verkauft, angeblich mit einem Profit von GB£ 250 Millionen (US$ 500 Millionen).

In London gibt es eine ganze Reihe von ungewöhnlichen Wolkenkratzern, denen man aufgrund ihrer auffallend einzigartigen Formgebung sofort Spitznamen verliehen hat: unter anderen The Gherkin (Die Gewürzgurke) für Fosters 30 St. Mary Axe; The Shard (Die Scherbe) für Renzo Pianos Turm in der City; Helter-Skelter (Rutschbahn) für den Bishopsgate Tower von Kohn Pedersen Fox. In New York, wo eine auf eintönigen Wiederholungen basierende Architektur die Norm war, wurde die kompromisslose Schlichtheit des World Trade Centers durch komplexere Gebäudestrukturen wie den Freedom Tower und Fosters Hearst Tower ersetzt.

Bei einigen Projekten hat man versucht, die Beschränkungen der Geometrie, denen der Hochhausbau unterliegt, zugunsten eines dramatischen Effekts zu manipulieren, um vom konventionellen, sich eintönig wiederholenden Bau wegzukommen und ungewöhnlichere Ansichten zu kreieren. Einige der besten Beispiele unter diesen einzigartigen Türmen (und Norman Foster hat viele von ihnen entworfen), zeichnen sich durch die Verwendung bautechnischer oder funktionaler Nutzeffekte aus, um ihre extravagante Formgebung zu generieren. Foster plädierte für eine runde und sich verjüngende Form für 30 St. Mary Axe in London, da dies einen freien Rundumblick gewähre und die Fallwinde auf Straßenniveau und die Größenwirkung in der Skyline reduzieren würde. Für seinen Hearst Tower kamen Diagrids (diagonale Gitterstrukturen) zur Verwendung, wobei diesen eine doppelte Funktion zukam: nicht nur bieten sie zusätzliche Stabilität bei lateralen Kräften, sondern von ihnen wurde auch die Formgebung abgeleitet. Die Formgebung seines Russia Tower mit einem Y-förmigen, sich nach unten verjüngenden Profil erklärte er mit struktureller Effizienz und programmatischer Flexibilität.

Einen alternativen Weg des Experimentellen repräsentieren jene Türme, die lokale Ikonografien nicht als expressives Mittel aufgreifen, sondern als Nutzeffekt, als wesentliche Elemente des Wolkenkratzers der Gegenwart. Bei Pellis Petronas Towers, SOMs Burj Dubai und Jin Mao Tower in Pudong sowie bei C. Y. Lees Taipei 101 wurde jeweils der Versuch unternommen, Erscheinungsformen herauszudestillieren, die an lokale kulturelle Gestaltungsformen anklingen.

In der Korrelation der neu entstehenden bautechnischen Potenziale und den lokalen Besonderheiten mit der Kapazität des Hochhauses, alternative Ausdrucksformen entstehen zu lassen, – und nicht in einmaligen extravaganten Kultobjekten – findet sich die wahre Innovation.

Lokal und global: Das einheimische Hochhaus

Als Gebäudetyp, der ein beträchtliches Maß an Investitionen erfordert, ist das Hochhaus oft mit globalen wirtschaftlichen Prozessen, ausländischen Investitionen und mobilen Benutzern verknüpft und stellt eine ideale

Tower, with a Y-shaped up-tapering plan, is justified on the grounds of structural efficiency and programmatic flexibility.

An alternative path of experimentation is represented by those towers that address local iconographies not as expressions but as efficiencies, as crucial elements of contemporary skyscrapers. Pelli's Petronas Towers, SOM's Burj Dubai and Jin Mao Tower in Pudong, and C.Y. Lee's Taipei 101 have attempted to distill images that resonate with local cultural figurations.

It is precisely in the correlation of emerging tower efficiencies and local specificities of the high-rise population, with the tower's capacity to generate alternative expressions where we can find true innovation, rather than one-off, iconic extravagances.

Local and Global: The Vernacular High-Rise

As a type that requires a substantial level of investment, the high-rise is often linked to global economic processes, foreign investment, and migrant populations, presenting an ideal battleground for global trends and local uses. But even with a certain "international" standard expected from this type of development, very specific design expectations arise from the local communities. Although many developers of these projects are corporations or investors with multinational portfolios seeking to profit from rising property prices, they need to consider carefully the specificities of the local market. Recent examples like the Tower Palace development in Seoul, The Arch in Kowloon (built by Sun Hung Kai Properties), and Tokyo's Roppongi Hills (built by the Mori Corporation) have become phenomenal real estate successes that everybody is trying to replicate, and a proof of the vitality of the inner-city residential high-rise typology, particularly in Southeast Asia.
The high-rise as a vernacular species may resonate with local iconographies and symbols, but its primary field of diversification occurs by complying with a number of parameters that embody local specificities of lifestyle, trade protocols, cultural preferences, and climatic conditions. Contemporary high-rise residential floor plates across the globe have become radiographies of cultural hybridization and the synthesis of local variations. Instead of focusing on the iconic nature of high-rise buildings, a comparative, quantitative or topological analysis of the different parameters of residential organizations could become an extraordinary instrument for producing a deeper understanding of these processes of simultaneous vernacularization and hybridization of high-rise life. What follows is an attempt to map this battlefield between transnational trends and vernacular variations, setting up a global frame of reference to identify variations, tendencies, and innovations, abandoning the utopian models of novelty.

The dramatic shift of the typology towards the residential is increasing the use of building technologies that provide better acoustic insulation and less wind deflection. New concrete additives allow unprecedented speed of construction for a technology that a few years back would have not been considered for

Kampfzone zwischen globalen Trends und lokalen Nutzungen dar. Wenn von diesem Bautyp auch ein gewisser internationaler Standard erwartet wird, unterliegt seine Planung sehr spezifischen Erwartungen von Seiten der örtlichen Beteiligten. Obwohl viele dieser Projektentwickler große Unternehmen oder Investoren mit multinationalen Portfolios sind, die von den steigenden Immobilienpreisen profitieren wollen, müssen sie die Besonderheiten des lokalen Marktes sorgfältig in Betracht ziehen. Jüngere Beispiele, wie die Entwicklung von Tower Palace in Seoul, The Arch in Kowloon (gebaut von Sun Hung Kai Properties) und Tokios Roppongi Hills (gebaut von der Mori Corporation) sind zu phänomenalen Immobilienerfolgen geworden, die nun alle kopieren wollen, und belegen die Vitalität der Typologie des innerstädtischen Wohnhochhauses, insbesondere in Südostasien.

Im Hochhaus als einheimische Erscheinung mögen lokale Ikonografien und Symbole anklingen, doch seine Diversifizierung folgt einer Reihe von Parametern, in denen sich lokale Besonderheiten des Lebensstils, der Handelsgepflogenheiten, kultureller Vorlieben und klimatischer Bedingungen verkörpern. Die Grundrisse von zeitgenössischen Wohnhochhäusern sind weltweit zu Röntgenbildern der kulturellen Hybridisierung und der Synthese lokaler Variationen geworden. Anstatt sich auf die ikonische Gestalt von Hochhäusern zu konzentrieren, könnte eine vergleichende, quantitative oder topologische Analyse der unterschiedlichen Parameter von Organisationsformen des Wohnens zu einem außergewöhnlichen Instrument für ein tieferes Verständnis der gleichzeitigen Prozesse von sowohl zunehmender einheimischer Ausprägung als auch Hybridisierung des Hochhauses werden. Im Folgenden wird der Versuch unternommen, dieses Spannungsfeld zwischen transnationalen Trends und einheimischen Variationen zu kartieren und einen globalen Bezugsrahmen zu erstellen, der es uns ermöglicht, Tendenzen und Innovationen zu identifizieren und utopische Modelle von Neuheiten aufzugeben.

Der dramatische Typologiewechsel in Richtung Wohnhochhaus verstärkt den Einsatz von Bautechnologien, die bessere Schalldämmung und weniger Verformung durch die Windlasten ermöglichen. Neue Betonzuschlagstoffe ermöglichen nun kurze Bauzeiten. Durch die aktuellen Entwicklungen in der Technologie für hochfesten Beton ist es jetzt auch möglich, Höhen zu erreichen, die zuvor nur mit Stahlbau zu realisieren waren. Der rasche Anstieg des weltweiten Stahlpreises trägt zu diesem Technologiewechsel bei. So werden die mehr als 150 Stockwerke des Burj Dubai, das bald das höchste bewohnte Gebäude der Welt und in vielerlei Hinsicht ein Pionier sein wird, in Stahlbetonbauweise errichtet.

Wo Höhe zu einem begehrten Produkt wird, gibt es eine wachsende Disparität bei den Mietertragswerten der verschiedenen Gebäudeebenen. In einem gewerblichen Hochhaus sind die unteren Ebenen (für den Einzelhandel oder hoch verdichtete Nutzungen wie Börsenhallen) begehrter, weil sie näher zur Straße liegen. Die oberen Stockwerke sind wegen der Aussicht und des geringeren Lärmpegels attraktiv. In Wohnhochhäusern, bei denen der Quadratmeterwert von Stockwerk zu Stockwerk steigt, hat man gewöhnlich weniger und größere Apartments. Folgt man dieser Logik, scheint es hier ein unausgeschöpftes Potenzial für die Ausgestaltung sektionaler Differenzierungen im Hochhausbau zu geben. Eine weitere globale

buildings above twenty-five floors. Current developments in high-strength concrete technology also allow increasing capacity to reach heights previously restricted to those resulting from steel technology. The rapid increase in global steel price is decisively contributing to this technological shift. In fact, Burj Dubai, soon to be the tallest inhabited building in the world and a pioneer in many ways, is using reinforced concrete for its 150-plus story structure.

As height becomes a desirable commodity, there is a growing disparity in the rental values on different building levels. In a commercial high-rise, lower levels are desirable because of their proximity to the street (for retail or high density uses like trading floors). Upper levels are desirable because of the views and diminishing acoustic intrusion. In residential high-rise buildings, as the value per square meter increases with the floor level, it is common to have fewer, larger apartments. Following this logic, there seems to be an unexploited potential to design sectional differentiation in high-rise buildings. Another global tendency is towards a less artificially controlled environment, due to the increase in global energy prices.

As a relatively complex technical enterprise, the design of a high-rise building is subject to precise calculations – probably more than any other building type. These calculations are made to estimate the level of service needed to provide for its different systems – for example the total population that the elevator core is supposed to serve at peak times and the length of elevator waiting times, the population that the air-conditioning system is intended to serve, or the dimensioning of toilets and fire escapes. Space is scarce and needs to be accounted for carefully, and this level of accountability is what enables us to quantify its multiple performances as a technical and cultural phenomenon and generate the knowledge that will enable us to criticize the contemporary stock of high-rise typologies, not as a series on novel occurrences, but as a particularly intriguing species in constant evolution – one that diversifies geographically in response to climate, geography, and cultural protocols. What follows here is a list of indexes that may allow us to map the geographical or cultural diversification of high-rise typologies to generate a frame of references that will enable us to criticize and develop the current typologies, to ground innovation and avoid mere novelty.

Certain population standards are compulsory by laws but often the population estimate lies across the different systems in a high-rise to provide different standards. It may be that the population for the vertical transportation system is based on 12 square meters per person, but for the air-renewal rate it is based on 10 square meters per person and for the toilets on 14 square meters per person. Population density may also vary across the section of the building.

In commercial buildings, the consideration of the planning grids is also important for the design of the building fenestration and for interior organization. The façade will affect the planning grids of the building and the rhythm of fenestration, which is linked to the subdivision possibilities of the floor plate.

Torre SyV, Madrid Architekten Architects: R&AS Rubio & Álvarez-Sala, Madrid
Im Hintergrund In the background: Torre de Cristal Architekten Architects: Cesar Pelli & Associates

Madrids neue Skyline **Madrid's new skyline** (von links nach rechts **from left to right**):
Torre Espacio Architekten **Architects: Pei Cobb Freed & Partners**
Torre de Cristal Architekten **Architects: Cesar Pelli & Associates**
Torre SyV Architekten **Architects: R&AS Rubio & Álvarez-Sala**
Caja de Madrid Architekten **Architects: Foster + Partners**

Tendenz ist die zu einer weniger künstlich kontrollierten Wohnumwelt, die auf die weltweit steigenden Energiepreise zurückzuführen ist.

Als relativ komplexes technisches Unterfangen verlangt der Entwurf eines Hochhausgebäudes, vielleicht mehr als jeder andere Gebäudetyp, eine genaue Kalkulation. Diese Berechnungen werden angestellt, um den Servicebedarf seiner verschiedenen Systeme zu ermitteln – zum Beispiel die Personenzahl, die der Aufzugskern zu Spitzenlastzeiten bewältigen muss und die Länge der Wartezeiten auf den Aufzug, die Grundgesamtheit, auf welche die Klimaanlage auszulegen ist, oder die Dimensionierung von Toiletten und Feuertreppen.

Raum ist eine knappe Ressource, mit der sorgsam und verantwortlich umzugehen ist. Es ist dieser Grad an Verantwortlichkeit, der seine vielfältigen Leistungen als technisches und kulturelles Phänomen quantifizierbar macht und das Wissen schafft, mit dem der aktuelle Bestand an Hochhaustypologien nicht als Abfolge bloßer Novitäten kritisch betrachtet werden kann, sondern als eine besonders faszinierende Spezies, die in ständiger Entwicklung begriffen ist und sich in Bezug auf Klima, Geografie und kulturelle Standards geografisch diversifiziert.

Daher folgt an dieser Stelle eine Liste von Indizes, die uns in die Lage versetzen, eine Karte der geografischen oder kulturellen Diversifizierung von Hochhaustypologien zu erstellen, um damit einen Bezugsrahmen zu schaffen, in dem wir die aktuellen Typologien kritisieren und weiterentwickeln sowie eine Grundlage für Innovation schaffen und dem bloßen Reiz des Neuen entgehen können.

Bestimmte Grundstandards sind vom Baurecht verbindlich vorgegeben, so etwa die Bewohnerzahl, für die ein Feuertreppensystem entworfen wird; doch in den meisten Fällen wird die Schätzung der Bewohner je nach den unterschiedlichen Systemen in einem Hochhausgebäude variieren, um unterschiedliche Standards bereitstellen zu können. So ist es beispielsweise möglich, dass die allgemeine Vorgabe für das vertikale Transportsystem auf zwölf Quadratmetern pro Person basiert, die Zahl für die Luftaustauschrate aber bei zehn Quadratmetern und die für die Toiletten bei 14 Quadratmetern pro Person liegt. Die Vorgabe kann auch zwischen den Gebäudeabschnitten variieren. Bei gewerblichen Gebäuden ist die Erarbeitung des Planungsrasters auch für die Gestaltung des Fensterwerks des Gebäudes und für die Innenraumorganisation wichtig. Das Fassadenmaß hat Auswirkungen auf das Planungsraster des Gebäudes und den Rhythmus der Fensterabfolge, die mit den Unterteilungsmöglichkeiten des Grundrisses verknüpft sind.

Das Fassadenverhältnis ist eines der leistungsstärksten Werkzeuge zur Analyse der Entwicklung der Hochhaustypologien und ihrer geografischen Diversifizierung. Da die Fassade eines Hochhausgebäudes eines seiner teuersten Elemente darstellt, verwenden Kostenberater einen Quotienten, der die Fassadenoberfläche mit der Geschossfläche vergleicht. Dieser Parameter wird zur Analyse der finanziellen Implikationen eines Entwurfs und zur Schätzung des Energiebedarfs verwendet. Ein höheres Verhältnis bedeutet größere Ausgaben; bei einem niedrigen müssen möglicherweise Tageslicht und Belüftung künstlich bereitgestellt werden. Dieser Parameter verbindet also finanzielle Implikationen mit Umwelt-

The façade ratio is one of the most powerful tools to analyze the evolution of high-rise typologies and their geographical diversification. Since the façade of a high-rise building is one of the most expensive elements, cost consultants use a ratio comparing the surface of façade to the floor area. This parameter has been used to analyse the financial implications of a design, and to estimate energy requirements. If the ratio is high, it means greater expenses; if it is low, daylight and ventilation may need to be artificially supplied. It is therefore a parameter that connects financial implications with environmental qualities, often involving cultural specificities and technical specifications.

Parameters like the surface-to-volume and the window ratios are traditionally used to calculate energy requirements and to specify the composition of the façade. If we compare these ratios for residential high-rises across different geographies, we will see the differentiation generated by cultural, climatic, and construction factors. In a prototypical high-rise development in Dubai, for example, the average façade ratio would be around 0.45 square meters per indoor square meter, in London 0.50, in Miami 0.55, in Seoul 0.60, in Kuala Lumpur 0.75, and in Hong Kong 0.85. The manipulation of these parameters offers the possibility of playing with a spectrum of culturally specific possibilities.

The implications of this diversification in a typology generally considered global are interesting: in America and the Middle East, a high level of mechanically controlled environment in a residential unit is acceptable, while the further we move towards Southeast Asia, the more common the requirement for all rooms to have direct contact with outside air. In Southeast Asian prototypes, natural ventilation and under-floor heating are standard, even when air conditioning equipment is installed.

The impact of this requirement not only affects the quality of interior spaces, daylight, and topological organization of the plan; it also radically affects the appearance of the tower: low façade ratios usually generate more simple and slender forms while higher façade ratios generate larger floor dimensions and a more geometrically complex envelope.

The floor plate size is a critical parameter in the design of a high-rise and possibly the one that may affect its profile most drastically. Variations in floor plate sizes may have a crucial impact in the rent values of an office building and on the efficiency of the vertical circulation system. They are also closely linked to a location, be it a city or a sector of a city.

In residential buildings, the floor plate is primarily related to the façade ratio and the scale of the units. In a high-rise building, the combination of unit size and a certain residential typology usually determines the floor plate to a substantial degree. In commercial buildings, the size of the floor plate is set by the scale of leases rather than by climatic and environmental factors.

Another parameter that remains closely related to the floor plate is the façade-to-core dimension. The

Hearst Headquarters in der Skyline von New York
Hearst Headquarters in the New York skyline

qualitäten und schließt oft kulturelle Besonderheiten und technische Spezifikationen ein.

Parameter wie das Verhältnis von Oberfläche zu Raum und dem der Fenster werden traditionell zur Berechnung des Energiebedarfs und für die Fassadenkomposition verwendet. Vergleichen wir diese Verhältnisse bei Wohnhochhäusern über unterschiedliche geografische Regionen hinweg, erkennen wir die durch kulturelle, klimatische und bauliche Faktoren verursachte Ausdifferenzierung. So liegt bei einem prototypischen Hochhausprojekt in Dubai das durchschnittliche Fassadenverhältnis bei ca. 0,45 Quadratmetern pro Innenraumquadratmeter, in London bei 0,50 Quadratmetern, in Miami bei 0,55 Quadratmetern, in Seoul bei 0,60 Quadratmetern, in Kuala Lumpur bei 0,75 Quadratmetern und in Hongkong bei 0,85 Quadratmetern pro Innenraumquadratmeter. Die Manipulation dieser Parameter macht es uns möglich, mit einem ganzen Spektrum an kulturspezifischen Möglichkeiten zu spielen.

Interessant sind die Implikationen dieser Diversifizierung einer Typologie, die im Allgemeinen als global betrachtet wird: In Amerika und dem Nahen Osten gilt ein hoher Mechanisierungsgrad der Umwelt in einer Wohneinheit als akzeptierbar, während, je weiter wir in Richtung Südostasien kommen, es als umso normaler betrachtet wird, dass alle Räume Kontakt zur Außenluft haben müssen. Natürliche Belüftung und Fußbodenheizung gehören zum Standard, selbst dort, wo Klimaanlagen vorhanden sind. Diese Erfordernisse wirken sich nicht nur auf die Qualität von Innenräumen, Tageslicht und der topologischen Organisation der Raumanordnung aus: Sie haben auch radikale Auswirkungen auf das Erscheinungsbild des Turms. Niedrige Fassadenverhältnisse führen in der Regel zu einfacheren und schlankeren Formen, höhere zu größeren Stockwerkdimensionen und einer geometrisch komplexen Hülle.

Die Größe der Geschossfläche ist ein wesentlicher Parameter für den Entwurf eines Hochhauses und wohl derjenige, der sein Profil am stärksten beeinflusst. Unterschiede in der Geschossflächengröße können entscheidende Folgen für die Mieterträge eines Bürogebäudes wie für die Effizienz des vertikalen Transportsystems haben. Sie sind auch eng mit dem Ort verknüpft, sei er eine Großstadt oder ein Stadtgebiet.

Bei Wohngebäuden ist die Geschossfläche hauptsächlich auf das Fassadenverhältnis und die Größe der Einheiten bezogen. Bei einem Hochhaus wirkt sich gewöhnlich die Kombination von Wohneinheitengröße und einer bestimmten Wohntypologie in beträchtlichem Ausmaß auf den Grundriss aus. Bei gewerblichen Gebäuden wird die Größe des Grundrisses eher von der Höhe der Mieten als von klimatischen und Umweltfaktoren bestimmt.

Ein weiterer Parameter, der in engem Zusammenhang mit der Geschossfläche steht, ist das Verhältnis von Fassade zum Kern. Bei den Wohnhochhäusern gibt es die Tendenz zu einer engeren Beziehung zwischen Innen und Außen aufgrund des Bedürfnisses nach Aussicht, Tageslicht und natürlicher Belüftung. Diese Markttendenz hat engere Felder und kürzere Entfernungen zwischen Fassade und Kern zur Folge. Bei gewerblichen Gebäuden tendiert dieses Verhältnis dazu, größer zu werden, weil sich dadurch die Flexibilität des Raums erhöht. Mit Ausnahme von Ländern wie Deutschland oder Holland werden bei

residential high-rise shows a tendency towards a higher level of relationship between inside and outside, seeking views, daylight, and natural ventilation. This tendency of the market is pushing towards narrower bays and façade-to-core distance. In commercial buildings, this dimension is tending to increase, because it is seen to increase the flexibility of the space. With the exception of countries like Germany and the Netherlands, most of the commercial high-rise floor plates aim for bays 12 to 15 meters deep. It is interesting to analyze this parameter in the context of the growing hybrid high-rise typologies, which combine residential and tertiary functions such as work-live or officetel. The façade-to-core dimension is an index of the degree of connection between the inside and the outside, and the level of artificiality of the environment. It is closely related with energy consumption: more daylight and natural ventilation are the result of a smaller façade-to-core dimension, but it usually involves more heat loss and more solar gains.

Many of these parameters have been extracted from technical indeces traditionally used by developers, quantity surveyors, and engineering consultants to analyze the performance of a design, but that have so far been absent from any public debate on high-rise buildings. They are technical indeces, and yet they are loaded with political arguments and cultural questions. To problematize them may be the design engine that will generate true innovation. They offer dimensions of a possible map whereby we could begin to understand the new possibilities of the high-rise building.

First published in a longer version in *Harvard Design Magazine*, Spring/Summer 2007, no.26

Alejandro Zaera-Polo is a principal at Foreign Office Architects, London. He has been the Dean of the Berlage Institute in Amsterdam for four years until 2005 and occupies currently the Berlage Chair at TU Delft.

den meisten Geschossflächen gewerblicher Hochhäuser Raster von zwölf bis15 Metern Tiefe angestrebt. Es ist interessant, diesen Parameter im Kontext der wachsenden Hybridisierung der Hochhaustypologien zu untersuchen, die Wohn- mit tertiären Funktionen wie Arbeits-/Wohnraum oder „Officetels" zu kombinieren. Das Fassade-Kern-Verhältnis ist ein Index der Verbindung zwischen Innen und Außen sowie des Ausmaßes an Künstlichkeit des Umfelds und steht in engem Zusammenhang mit dem Energieverbrauch: Mehr Tageslicht und natürliche Belüftung führen zu einem kleineren Fassade-Kern-Verhältnis, sie bringen aber auch größere Wärmeverluste und mehr Sonneneinstrahlung mit sich.

Viele dieser Parameter sind technischen Indizes entnommen, die traditionell von Bauträgern, Vermessungsingenieuren und Ingenieurbüros benutzt werden, um die Leistungsfähigkeit eines Entwurfs zu analysieren, fehlten aber bislang bei jeder öffentlichen Debatte über Hochhäuser. Es sind zwar technische Indizes, doch stecken sie voller politischer Argumente und kultureller Fragen. Ihre Problematisierung ist vielleicht der Designmotor, der wirkliche Innovation antreiben wird. Sie bilden die Dimensionen einer möglichen Landkarte, mit der wir zu einem Verständnis der tatsächlich neuen Möglichkeiten des Hochhausbaus kommen können.

Gekürzte Version eines Artikels, der erstmals im *Harvard Design Magazine*, Nr. 26, Spring/Summer 2007 publiziert wurde.

Alejandro Zaera-Polo ist Gründungspartner von Foreign Office Architects, London. Von 2001 bis 2005 war er Dekan am Berlage Institute in Amsterdam; momentan hat er den Berlage-Lehrstuhl an der TU Delft inne.

Hearst Headquarters
New York, USA

Planungsteam **Design Team:**
Entwurfsplanung **Project designer:**
Foster + Partners, London
Verantwortliche Kontaktarchitekten **Architect of Record**
(Rohbau **shell + core):**
Adamson Associates, Toronto, Canada
Innenausstattung **fit-out**: Gensler, New York
Bauherr **Client Hearst Corporation, New York**
Projektentwicklung **Development Manager**
Tishman Speyer Properties, New York
Statik **Structural Engineers WSP Cantor Seinuk, New York**
Bauunternehmung **Construction Turner Construction**
Haustechnik **Mechanical Engineers Flack + Kurtz**
Licht **Lighting Gorge Sexton Associates** (Rohbau **shell and core), Washington D.C.; Kugler Associates Inc., New York** (Innenrauminstallation **fit-out)**
Höhe **Height 182 m**

Konstruktion **Construction** Stahlkern mit diagonaler Tragwerksstruktur (Diagrid), die Dreiecksrahmen von jeweils vier Geschossen Höhe bildet. Stahlstützen mit Betonverfüllung vom zehnten Geschoss abwärts.
Steel core with perimeter diagonal structural system (diagrid) forming four-story triangular frames. Concrete reinforced steel super columns from tenth floor down.
Standardgeschossfläche **Typical floor area 1 900 m²**
Bruttogeschossfläche **Gross internal 80 000 m²**
Fertigstellung **Completion** Juni **June 2006**
Nutzung **Use** Bürogebäude **Office building**
Wandbild **Mural Richard Long**
Icefall **Icefall** Foster + Partners in Zusammenarbeit mit dem Glasspezialisten Jamie Carpenter und dem Wasserspezialisten Jim Garland, Fluidity
Foster + Partners in cooperation with the glass specialist Jamie Carpenter and water specialist Jim Garland, Fluidity

Mit dem Hearst Tower wurde ein Traum aus den 1920er Jahren wahr. William Randolph Hearst wollte den Columbus Circle zu einem pulsierenden neuen Viertel in Manhattan entwickeln und mit dem Neubau seines Firmensitzes ein Zeichen für das ehrgeizige Vorhaben setzen. Er beauftragte den Architekten und Szenografen Joseph Urban (zusammen mit George P. Post & Sons) mit dem Entwurf eines atemberaubenden Monuments, das zukünftig den Columbus Circle dominieren sollte. Urban, der für seine Theater- und Opernbühnenbilder bekannt war, plante ein Art-Deco-Gebäude aus Sandstein, in dessen zurückgesetzte Ecken er Säulen mit allegorischen Figuren integrierte. Für die spätere Erweiterung um einige Stockwerke zum „Hochhaus“ stattete er das Hearst Headquarters bereits mit statischen Vorrichtungen aus. Der Bau wurde 1928 fertiggestellt, doch infolge der „Great Depression“ kam er über die ersten sechs Stockwerke nicht hinaus. Erst nahezu 80 Jahre später, als die Hearst Corporation die Zusammenführung ihrer diversen New Yorker Büros am Ort des historischen Hauptsitzes beschloss, wurde der Gedanke der vertikalen Erweiterung wieder aufgegriffen.

The Hearst Tower has enabled a dream from the 1920s to come true: William Randolph Hearst wanted to transform Columbus Circle into a lively new district in Manhattan and sought to create a symbol for this ambitious project in the form of the new head office building for his corporation. He commissioned architect and scenographer Joseph Urban (together with George P. Post & Sons) to design a breathtaking monument that once should dominate Columbus Circle. Urban, who was renowned for his theater and opera set designs, planned the base of a tower out of sandstone and columns with allegorical figures in the recessed corners of the Art Deco building; he also integrated load bearing facilities into the structure to enable its later vertical extension. The building was completed in 1928, but due to the impact of the Great Depression never went beyond the first six stories. It was not until almost eighty years later – when the Hearst Corporation resolved to bring together its various New York offices in one historical head office – that the idea of extending the building upwards was reborn.

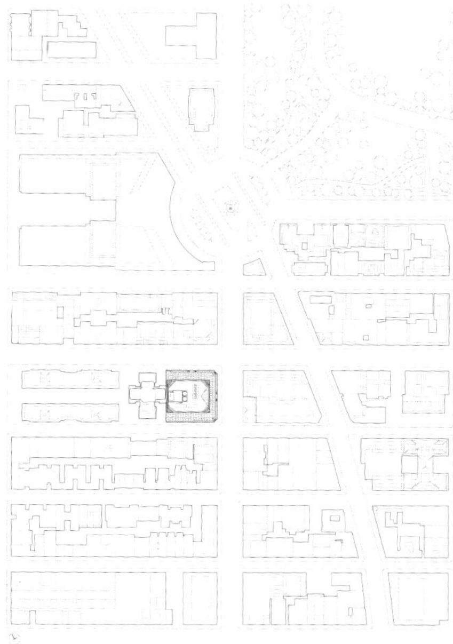

Lageplan **Site plan**

Da die Fassaden des Hearst-Gebäudes 1988 unter Denkmalschutz gestellt worden waren, stand von Anfang an fest, dass die bestehende äußere Hülle erhalten und in die neue Planung integriert werden sollte. Das Architekturbüro Foster + Partners hatte bereits Bauten mit der speziellen Problematik von Denkmalschutz und zeitgenössischer Intervention realisiert – beispielsweise den Great Court des British Museum oder den Berliner Reichstag – und war daher nach Auffassung des Auftraggebers in besonderem Maße für die Erweiterung des Hearst-Firmensitzes qualifiziert. Trotz der Zäsur, die die terroristischen Anschläge 2001 im Baugeschehen der Stadt New York verursachten, entschied man sich für die Weiterführung des Projektes, sodass der Hearst Tower das erste Hochhaus war, das nach diesem Datum fertiggestellt wurde.

Der Dialog zwischen Alt- und Neubau bestimmt den Entwurf. Die denkmalgeschützte Sandsteinfassade des U-förmigen Basisbaukörpers wurde renoviert, das innere Volumen entkernt. Über dem Bestandssockel ragt nun ein gläserner Turm mit einem prägnanten Stahltragwerk in den Himmel. Die Fassaden sind von einer Diagonalstruktur aus Dreiecksrahmen gegliedert. Mit zurückspringenden Ecken in Form von „Vogelschnäbeln" wird die charakteristische Silhouette des Gebäudes noch akzentuiert.

As the shell of Hearst building was placed under a preservation order in 1988, it was clear from the outset that the old building had to be retained and integrated into the new planning. Architects Foster + Partners had an established track record handling the special tasks associated with contemporary interventions into listed buildings – prime examples include the British Museum's Great Court and the Berlin Reichstag. In the opinion of the developer, the company was especially well suited to conceptualise the expansion of the Hearst corporate headquarters. Despite the caesura in building activity in New York in the wake of the 9/11 attacks, a decision was made to continue the project, which had already been started; thus, the Hearst Tower was the first high-rise building to be completed after 9/11.

The design hinges on the dialog between the old and the new building. The listed sandstone façade of the U-shaped pedestal building was renovated, while the interior was removed. Above this podium now stands a tall glass tower, featuring a striking steel load-bearing structure. The façades are structured by diagrids (diagonal grid). The recessed corners, which are shaped like birds' beaks, further highlight the building's characteristic silhouette.

Foster + Partners hatten bereits bei der Hongkong und Shanghai Bank von 1985 oder den Londoner Swiss Re Headquarters mit diagonalen Systemen gearbeitet; doch beim Hearst Tower ist das Dreieck erstmals zur dominierenden Mega-Fassadenstruktur geworden. Das diagrid (von diagonal grid – diagonales Gittersystem) ist eine hocheffiziente Lösung, die 20 Prozent weniger Stahl verbraucht als eine konventionelle Struktur und große flexible Innenraumflächen ermöglicht. Jedes Dreieck umfasst vier Geschosse, sodass die Lesbarkeit der Stockwerksstaffelung, der inneren Funktionen und der maßstäblichen Relationen aufgehoben sind und der Bau als enigmatische Großstruktur wirkt.

Foster + Partners have used diagonal structures in the past, for example in the Hong Kong and Shanghai Bank of 1985 and the Swiss Re Headquarters in London; however, Hearst Tower is the first time the triangle is the dominating mega-structure for the façade. The diagrid is a highly efficient solution that requires 20 percent less steel than a conventional structure and enables a highly flexible subdivision of the interior areas. Each triangle covers four stories meaning that the individual stories, inner functions, and scaled ratios are not discernible from the outside, ensuring the building has an enigmatic overall appearance.

Das Zentrum des Gebäudes ist ein immenses Atrium, das sich im Altbau über sieben Stockwerke nach oben erstreckt. Die Fassaden des Altbaus wurden invertiert und zum Innenraum hin sandsteinfarben verputzt. Vom Eingangsbereich auf Straßenniveau leiten diagonale Rolltreppen inmitten eines Wasserfalls, der von Regenwasser gespeist wird, in das Atrium im zweiten Obergeschoss. Im Sommer wird das Atrium von den Wasserkaskaden des „Icefall" gekühlt, im Winter dient er als Luftbefeuchter.

Nach dem Vorbild eines Stadtplatzes erschließt das Areal des Atriums alle Bereiche des Gebäudes – die Hearst Cafeteria, das Auditorium, die Zwischengeschosse mit den Räumen für Besprechungen und Sondernutzungen sowie die Lobby mit der Aufzugsanlage – 15 Aufzüge führen in die Bürogeschosse oberhalb des Atriums. An den grauen Steinwänden des Aufzugkerns hat der Land-Art-Künstler Richard Long Schlamm aus den Flüssen Avon und Hudson mit den Handflächen auf die Wand aufgetragen und ein kontemplatives Kunstwerk von 22 Metern Höhe mit dem Titel „Riverlines" geschaffen; der Fluss wird zur Metapher des Reisens, der Bewegung und des Lebens.

An immense atrium forms the heart of the building, stretching up across seven stories from the old podium. The old building's façades have been inverted and plastered on the inside in limestone colors. From the lobby at street level, diagonal escalators rise to the atrium on the second floor, through the middle of a waterfall fed by rainwater. In the summer the atrium is cooled by the cascades of the "Icefall," which in winter maintains air moisture levels.

Taking its cue from a city plaza, the footprint of the atrium leads to all areas of the building – the Hearst Cafeteria, the auditorium, and the mezzanine floors with meeting and special-purpose rooms, as well as the lobby with the banks of fifteen elevators to the office floors above the atrium. Land Art pioneer Richard Long has applied mud from the Avon and Hudson rivers by hand to the gray stone walls of the lobby to create a contemplative artwork entitled "Riverlines" – it is over 22 meters high and stands as a metaphor for the river, symbolizing flow, travel, movement, and life.

Ein Glasdach über Teilen des Altbaus und ein vertikales Oberlichtband verbinden mit dem Neubau, fluten das Atrium mit natürlichem Licht und gewähren von innen den Blick auf den markanten Turm.

A glass roof over parts of the old building and a vertical strip of skylights link the old to the new building, flooding the atrium with natural light and affording an inside view of the striking tower.

Die Bürogeschosse mit bis zu 2 000 Arbeitsplätzen und Sonderfunktionsräumen wie beispielsweise einem Sendestudio, einem Zentrum für digitale Fotografie, dem Fitnessclub, einem Theater oder Ausstellungsflächen beginnen ab dem zehnten Obergeschoss. Die Eckräume mit dem spektakulären Blick nach unten werden als Aufenthaltsräume und Treffpunkte für die Mitarbeiter genutzt.

The office floors commence on the tenth story, housing as many as 2,000 work stations, as well as special-function rooms such as a broadcasting studio, a center for digital photography, the health club, a theater, and exhibition areas. The corner rooms offer spectacular views and are used by staff as meeting points and relaxation zones.

Wolkenkratzer ragen zumeist hoch und schlank gen Himmel, mit einer Turmspitze, die dem Gattungsbegriff gerecht werden soll. Der Hearst Tower hingegen endet mit dem letzten Stockwerk abrupt und wirkt daher eher kraftvoll und potent. Die „Vogelschnäbel", die sich alle vier Stockwerke öffnen und schließen, bringen zudem ein Element der Bewegung in den Turm, sodass es fast den Anschein hat, als würde er zum Sprung ansetzen. Auf der bestehenden Gebäudebasis des alteingesessenen, erfolgreichen Medienkonzerns verkörpert der Neubau ein Bild von Selbstsicherheit, Vitalität und Wagemut gepaart mit formaler und technischer Innovationskraft.

Skyscrapers tend to tower upwards, slender buildings reaching into the sky, tapering into a tip. Contrary to this type, the Hearst Tower ends abruptly on the last floor, and thus seems essentially powerful and potent. The "bird's beaks" that open and close every four floors, also create a sense of movement within the tower, almost as if it were poised and about to leap. With the long-standing media corporation's original building as its base, the tower embodies self-confidence, vitality, and courage, coupled with formal and technial innovation.

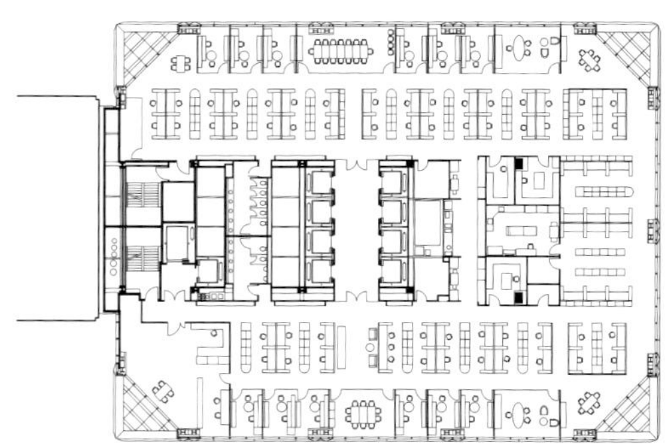

Links Grundriss Lobby **Left lobby level plan**
Rechts Standardgrundriss **Right typical floor plan**

Ökologische Fakten:

Der Hearst Tower ist das erste gewerbliche Gebäude, das in dieser Form Aspekten des Umweltschutzes Rechnung trägt. Das Hochhaus wurde im Rahmen einer LEED-Zertifizierung (Leadership in Energy and Environmental Design) des U.S. Green Building Council mit Gold ausgezeichnet. Mit Hearsts Praxis des grünen Bauens ist die Hoffnung verbunden, dass sie den Beginn einer Ära von neuen Bauprojekten in der City markieren könnte, die sich mit dem Umweltgedanken auseinandersetzen.

Der Hearst Tower wurde so konzipiert, dass er 26 Prozent weniger Energie verbraucht als ein Gebäude, das lediglich die staatlichen und städtischen Mindestvorgaben erfüllt.

Die Reduzierung des Energieverbrauchs (1 968 730 kWh) entspricht 1 074 Tonnen CO_2 oder 215 aus dem Verkehr gezogenen Autos.

Über 85 Prozent des für die Konstruktion verwendeten Stahls ist Recyclingmaterial.

Für die Diagrid-Konstruktion des Turmes wurden ca. 20 Prozent weniger Stahl aufgewendet als für eine konventionelle Fassadenkonstruktion – das heißt, es wurden ungefähr 2 000 Tonnen Stahl eingespart.

Durch das schadstoffarme Hochleistungsglas im Diagrid-Raster werden die Innenräume von natürlichem Licht durchflutet, während eine Aufheizung durch Sonneneinstrahlung vermieden wird.

Lichtsensoren steuern in Abhängigkeit vom natürlichen Licht zur jeweiligen Tageszeit die Menge künstlichen Lichts auf jedem Stockwerk und Bewegungsmelder sorgen dafür, dass Licht und Computer ausgeschaltet werden, wenn ein Raum unbesetzt ist.

Ein leistungsstarkes Heizungs- und Klimaanlagensystem nutzt Außenluft zur Kühlung und Belüftung während neun Monaten. Diese und andere energiesparende Merkmale erhöhen die Energieeffizienz um 26 Prozent im Vergleich zu einem Standardbürogebäude.

CO_2-Sensoren ermöglichen eine kontrollierte Belüftung nach Bedarf.

Green Facts:

Hearst Tower is the first occupied office building in New York City to achieve the coveted Gold rating under the U.S. Green Building Council's Leadership in Energy and Environmental Design (LEED) program. Hearst's experiences with the green building are hoped to mark the beginning of a new era of environmentally sound construction projects in the city.

Hearst Tower has been designed to use 26 percent less energy than a building that minimally complies with the respective state and city energy codes.

The reduction in electrical energy use (1,968,730 kWh) is the equivalent of 1,074 tons of CO_2 or 215 cars taken off the road.

Over 85 percent of the steel used for the structure is recycled material.

The diagrid frame of the Tower contains roughly 20 percent less steel than would a conventional perimeter frame – saving approximately 2,000 tons of steel.

High-performance low-emission glass set within the diagrid form allows for internal spaces to be flooded with natural light while keeping out solar radiation that causes higher temperatures.

Light sensors control the amount of artificial light on each floor based on the amount of natural light available at any given time, motion sensors allow for lights and computers to be turned off when a room is vacant.

High-efficiency heating and air-conditioning equipment utilizes outside air for cooling and ventilation 75 percent of the year. These and other energy-saving features increase energy efficiency by 26 percent compared to a standard office building.

CO_2 sensors for demand-controlled ventilation.

The roof has been designed to collect rainwater.

Links Schnitt **Left Section**
Rechts Ansicht **Right Elevation**

Das Dach ist so gestaltet, dass es Regenwasser speichern kann. Das Regenwasser wird in einem 14 000 Gallonen fassenden Auffangbecken im Untergeschoss des Gebäudes gesammelt.

Das Regenwasser wird genutzt, um das Wasser zu ersetzen, das durch Verdunstung im Klimaanlagensystem des Bürogebäudes verloren geht. Zudem wird es in ein spezielles Pumpsystem eingespeist, das zur Bewässerung von Pflanzen und Bäumen innerhalb und außerhalb des Gebäudes dient. Das aufgefangene Regenwasser deckt ungefähr die Hälfte des Bewässerungsbedarfs.

Elektrisch gesteuerte Armaturen (Wasserhähne) reduzieren den Wasserverbrauch um 25 Prozent.

Das gesammelte Wasser wird für den „Icefall" genutzt, das Wasserspiel im großen Atrium dient je nach Bedarf der Luftbefeuchtung und Kühlung der großen Halle.

Kosten für Materialien aus dem Ausland machen lediglich zehn Prozent der Gesamtkosten für die Konstruktion aus.

The rainwater is harvested in one 14,000 gallon reclamation tank located in the basement of the building.

Rainwater is used to replace water lost to evaporation in the office air-conditioning system. It is also fed into a special pumping system to irrigate plants and trees inside and outside the building. The captured rain produces about half of the watering needs.

Electrically actuated faucets (taps) reduce water use by 25 percent.

Harvested water is utilized for "Icefall". The environmental function of the grand atrium's water feature is to humidify and chill the atrium lobby as needed.

Foreign-sourced materials account for less than 10 percent of the total construction cost.

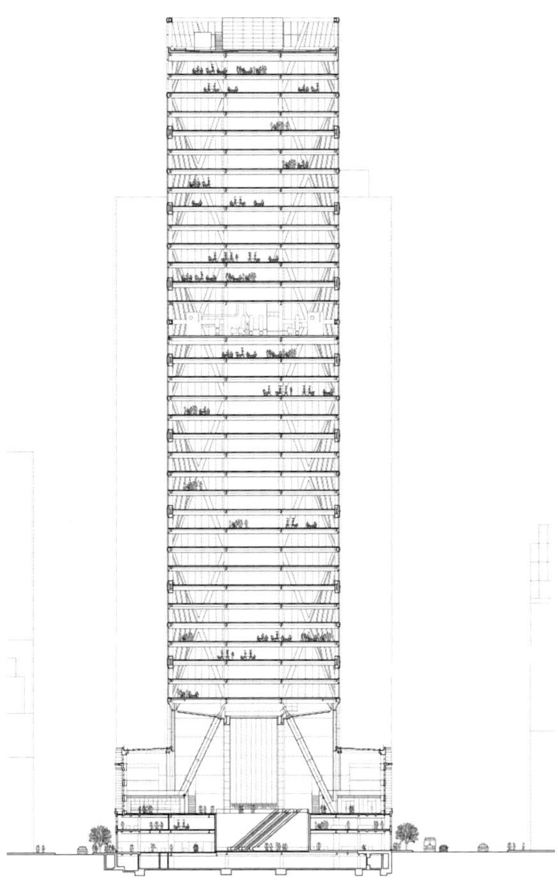

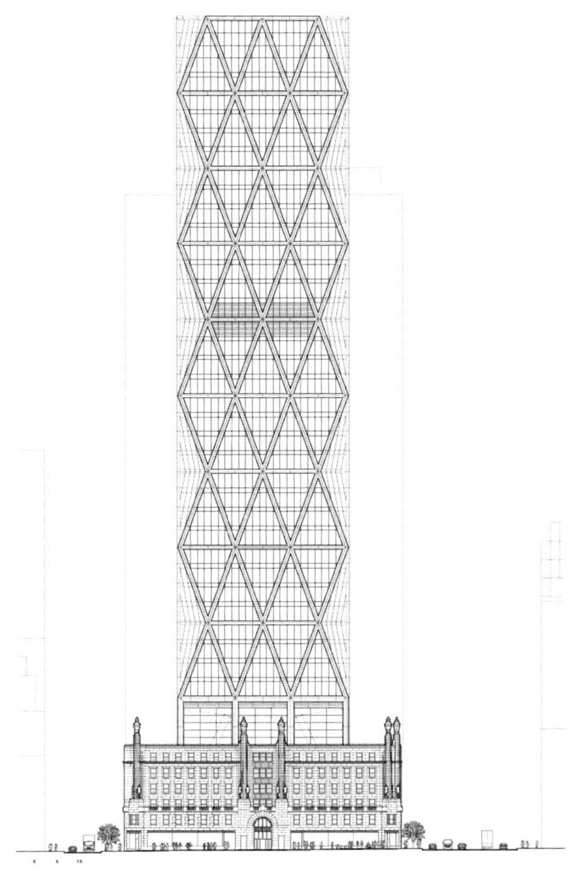

NO STANDING ANYTIME
TRUCK ROUTE
LOCAL
RIGHT LANE MUST TURN RIGHT
W 42 ST
NEW 42 ST
SCHOOL BUS
Academy

Auszug aus der Jurybegründung:

Ein radikales Statement in Bezug auf die Nutzung eines bereits existierenden Gebäudes und die Konfrontation sowohl mit einem neuen formalen Konzept als auch mit der Formensprache des Tragwerkes selbst – das dreieckige Konzept der „Diagrids" (so nennt Foster das diagonale Netz aus Trägern) hat seine Begründung in seiner Funktion. Es widersetzt sich der konventionellen Aufschichtung oder der immer wiederkehrenden Wiederholung der gleichen Bodenplatte. In dieser Hinsicht kann das Gebäude als Prototyp für zukünftige Hochhauskonzepte gesehen werden. Die Nutzung der Innenräume des bereits existierenden Gebäudes wirft eine Reihe von Fragen auf. Hervorzuheben sind die Funktionen zugunsten eines umweltschonenden und energiesparenden Gebäudes. Insgesamt wurde eine Lösung gefunden, bei der Architektur, Baustruktur, Technik und Nachhaltigkeit in einer Art und Weise verbunden wurden, dass sie ein einheitliches Ganzes bilden. Die formale Nutzung des bereits existierenden Gebäudes als Sockel, aus dem sich ein neuer Gebäudekörper erhebt, wurde von der Jury als außerordentlich interessanter Beitrag gewertet, der auch für ähnliche Projekte richtungsweisend sein könnte.

Excerpt from the jury statement:

A radical statement regarding the use of an existing building, which is confronted with both a new formal concept and the language of the structure itself – the triangulated concept of the diagrids is used as a *raison d'être* in itself. It defies the traditional stacking or the repeated extension of the same floor plate. In this respect, the building can be considered a prototype for future high-rise developments. The use of the interior of the existing building raises a lot of questions. The energy strategy and other environmental features are positively pointed out. All in all, a solution was built combining architecture, structure, mechanical services, and sustainability in such a way that they form a uniform whole. The formal use of the existing building as a pedestal, from which a new volume emerges is seen as a strong contribution that could have a compelling impact on similar discussions elsewhere.

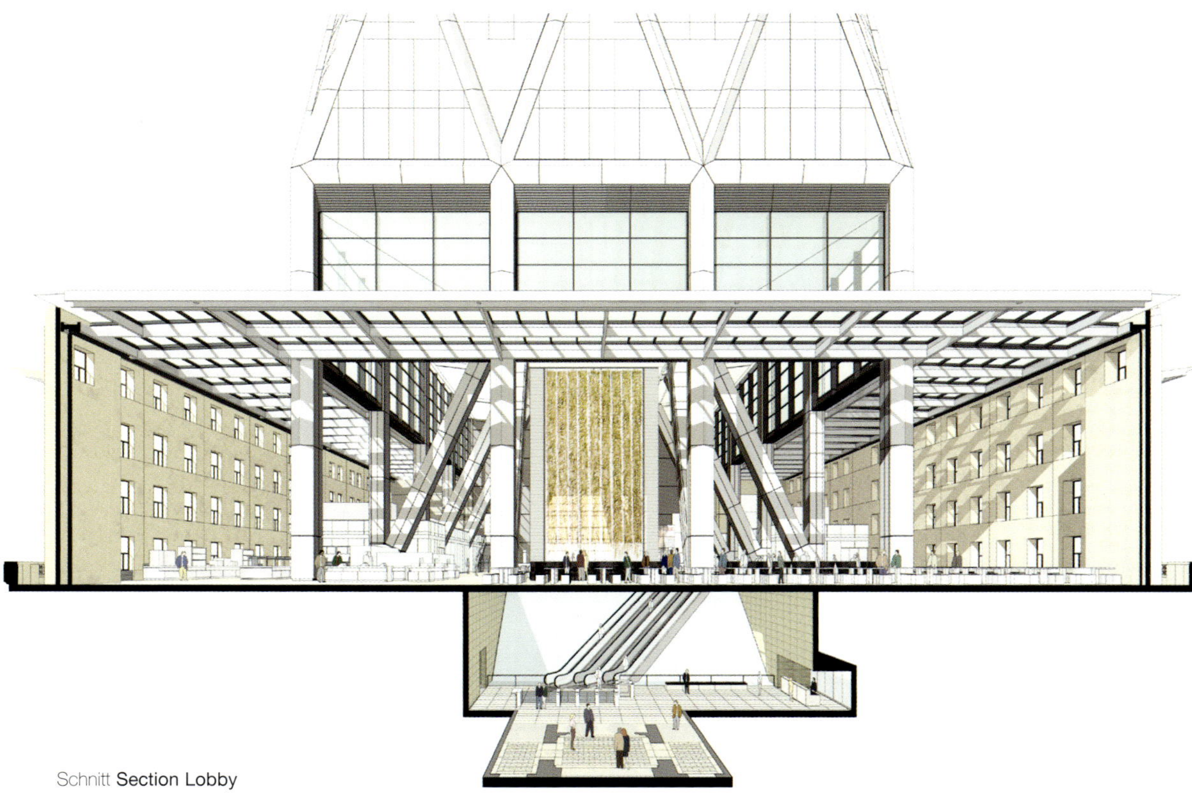

Schnitt **Section Lobby**

Missing Matrix Building (Boutique Monaco)
Seoul, Südkorea South Korea

Architekten Architects
Mass Studies: Minsuk Cho, Kisu Park
www.massstudies.com
Bauherr Client
Bumwoo Development Co. Ltd + Leadway Co. Ltd
Grundstücksfläche Site area 4 285 m²
Grundfläche Ground footprint 1 713 m²
Nettogeschossfläche Net floor area 54 860 m²
Höhe Height 116,5 m
Fertigstellung Completion 2008
Nutzung Use Einzelhandel, Wohnungen
(172 Einheiten für Wohnen und Arbeiten)
Retail, residential (172 living/working units)

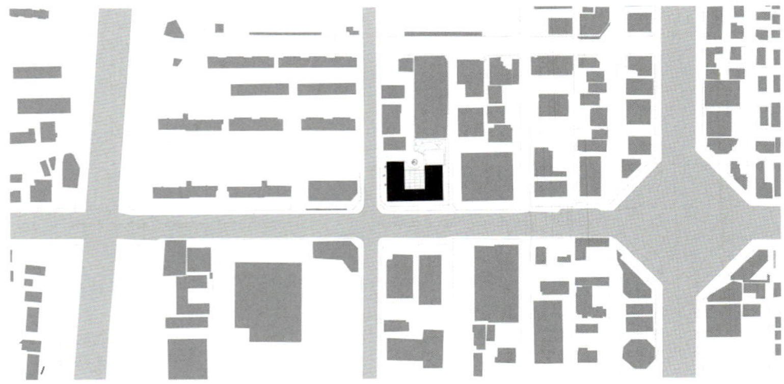

Lageplan Site plan

Die Architekten des Architekturbüros Mass Studies in Seoul erforschen im Rahmen ihrer Mass-Matrix-Studien neue Typologien für vertikale Gebäude in einer von Massenproduktion geprägten und hoch verdichteten urbanen Landschaft. Seoul ist eine der am dichtesten besiedelten Städte der Welt; immense homogene Stadtviertel mit immergleichen Apartmenttürmen sind das Ergebnis einer jahrzehntelangen Ausrichtung auf vertikales Wachstum. Seit dem Ende der 1990er Jahre wurden hingegen Hochhäuser in den verschiedensten Stilabweichungen generiert, um, zumeist über Oberflächenästhetik, neue Wahrzeichen im anonymen Umfeld zu schaffen.

Mass Studies Architekten begannen, anhand der Grundeinheit einer „Domino-Matrix" Alternativen für räumliche und soziale Inhalte in diesem vom Markt bestimmten, dicht bebauten Kontext zu entwickeln. Entsprechend einem Brettspiel, bei dem Spielfiguren auf einem rechteckig gefassten Spielbrett angeordnet werden, ist der architektonische Spielraum der Domino-Matrices der vertikale dreidimensionale Bereich, für den im Zuge der Untersuchung neue Regeln aufgestellt oder eine neue Spielart erfunden werden können. Charakteristische kritische Faktoren einer Wolkenkratzer-Landschaft wie Aussicht, Belüftung und Belichtung sind Teil der Mass-Studies, ebenso wie Bäume und Gärten als Elemente einer vertikalen Naturlandschaft. Die Formulierung neuer privater und öffentlicher Raumkomponenten soll die soziale Interaktion stimulieren.

Architects from the Mass Studies architecture office in Seoul are exploring new typologies for vertical buildings in a mass-produced and high-density urban setting, as part of their Mass Matrix studies. Seoul is one of the world's cities with the very highest building density; immense districts with identical apartment towers that are the product of many decades of focus on vertical growth. Since the end of the 1990s, by contrast, high-rises have been created boasting a broad variety of designs and styles in order to create new landmarks in a homogeneous environment. Albeit often only by concentrating on surface appeal.

The architects at Mass Studies took a domino matrix as their basic element and began searching for alternative spatial and social content in this decidedly market-driven densely built setting. Like a board game in which the figures are arranged on the board for the start, vertical space functions as the architectural scope of the domino matrices, and in the course of the study new rules can be invented or new variants of the game introduced. Characteristically critical factors for a sky-rise city, such as the view, ventilation, and illumination all play a role in the Mass Studies, as do trees and gardens as elements of a vertical natural world. The formulation of new private and public spatial components is intended to stimulate social interaction.

큐인

Schnitte **Sections**

Das Hochhausprojekt „Missing Matrix Building" (Boutique Monaco) mit 27 Stockwerken und einer Geschossfläche von 5 500 Quadratmetern umfasst Gewerbe-, Kultur- und Gemeinschaftsräume in den unteren Geschossen sowie „Officetels" – ein koreanischer Begriff für Raumeinheiten, die zum Wohnen und Arbeiten genutzt werden – in den Stockwerken 5 bis 27.

Um eine maximale Grundfläche (40 Prozent) und gleichzeitig optimale Tageslichtverhältnisse für das Gebäude zu erzielen, wurde aus der Grundeinheit der Domino-Matrix ein C-förmiger Grundriss entwickelt, der eine Höhe von 100 Metern erreicht, was der gesetzlich erlaubten maximalen Gebäudehöhe entspricht. Wenn der C-förmige Grundriss jedoch einfach nur vertikal wiederholt würde, überstiege die Geschossfläche des gesamten Turms den gesetzlich erlaubten Wert um ungefähr zehn Prozent. Um die Gebäudemasse systematisch zu reduzieren, werden Missing Matrices eingefügt, also Fehleinheiten in das Volumen integriert, sodass auf diese Weise das maximale Geschossflächenverhältnis (97 Prozent) eingehalten werden kann. Mittels der 15 Fehl-Matrices gewinnt das Gebäude zusätzliche Außenflächen und offene Eckräume für mehr natürlichen Lichteinfall und verbesserte Aussicht. Die mittels der Missing Matrices entstandenen Räume sind mit Bäumen, die aus dem Gebäudeinneren und von außen zu sehen sind, landschaftsgärtnerisch gestaltet. 49 verschiedene Typen von Wohneinheiten (von insgesamt 172) sind selektiv angeordnet, um die reiche räumliche Vielfalt wiederzuspiegeln und zu nutzen. In den Bereichen, die durch das Entfernen von Matrices entstanden, haben 40 Wohneinheiten beispielsweise interne Brücken, die die öffentlicheren Räume (Wohn- und Essbereich) von den privateren Schlafzimmern trennen; zusätzlich haben 22 Einheiten einen eigenen Garten.

This tower project has a floor area of 5 500 square meters, with commercial, cultural, and community spaces on the lower levels, and officetels on floors five through twenty-seven.

To ensure the maximum building footprint ratio (40 percent) as well as optimal natural light conditions, a C-shaped plan is extruded into a twenty-seven-story tower consistent with the Domino Matrix to reach a height of 100 meters, the maximum height allowed by law. When the C-shaped plan is simply repeated vertically, however, the floor space of the entire tower exceeds the legally allowed amount by approximately 10 percent. To reduce this mass systematically, missing matrices are introduced, meeting the maximum FAR (97 percent) throughout the building mass. Through fifteen removed spaces, the building gains more exterior surface and corners for more natural light and better views. The spaces created by the missing matrices are landscaped with trees that are visible from the inside and outside of the building. Inside the tower, there are forty-nine different types of units (172 units in total) arranged heterogeneously to reflect and exploit the rich spatial diversity. For example, in the area created by the removed matrices, forty of the residential units have bridges that divide public (living/dinning) and private (bedroom) areas within individual units, and twenty-two units have gardens.

Auszug aus der Jurybegründung:

Dieses Projekt wird als experimentelles und hybrides Gebäude mit einem neuen Konzept für extrem dicht bebaute urbane Räume angesehen, wie sie insbesondere für Asien oder Südamerika typisch sind. Die Grundfläche eines ganzen Straßenblocks wurde überbaut. Dabei wurden Durchbrüche und Hohlräume in einer Art labyrinthischer Anordnung eingeführt, um die Bauvorgaben zu erfüllen. Die Kombination von Gewerbeflächen im unteren und Wohnungen im oberen Gebäudebereich bildet einen scharfen architektonischen Kontrast, wobei die beiden Bereiche nicht verschmolzen, sondern vielmehr ohne ein formales Zusammenspiel aufeinandergesetzt wurden. Die vorgeschlagene Anpassung und Differenzierung der Wohnungstypen wurde von der Jury besonders hervorgehoben. Die bauliche Struktur des unteren Teils des Gebäudes wurde infrage gestellt, da dort ein großes Ausmaß an Redundanz vorzuliegen scheint. Hier werden von einem jungen Team eine Herangehensweise und ein Konzept proklamiert, mit der Absicht zu irritieren und konventionelle Vorstellungen von Hochhäusern zu hinterfragen.

Excerpt from the jury statement:

The project is an experimental and hybrid building showing a new concept for extremely dense urban spaces, which are especially common in Asia or South America. The footprint of a whole block was built over and to conform to regulations, cut-outs and voids were introduced in a labyrinth type of order. The combination of commercial spaces on the lower part and residential spaces in the upper part was executed in a confrontational way, not by fusing the two programs but by stacking one on top of the other, without any formal collaboration in between. The suggested customization and differentiation of apartment types is highly noted. The structural treatment on the lower part of the building could be questioned, as there seems to be a high level of redundancy. A method, a concept is proclaimed by a young team, seemingly wanting to irritate and to challenge conventional views of high-rises.

Mass Studies Boutique Monaco

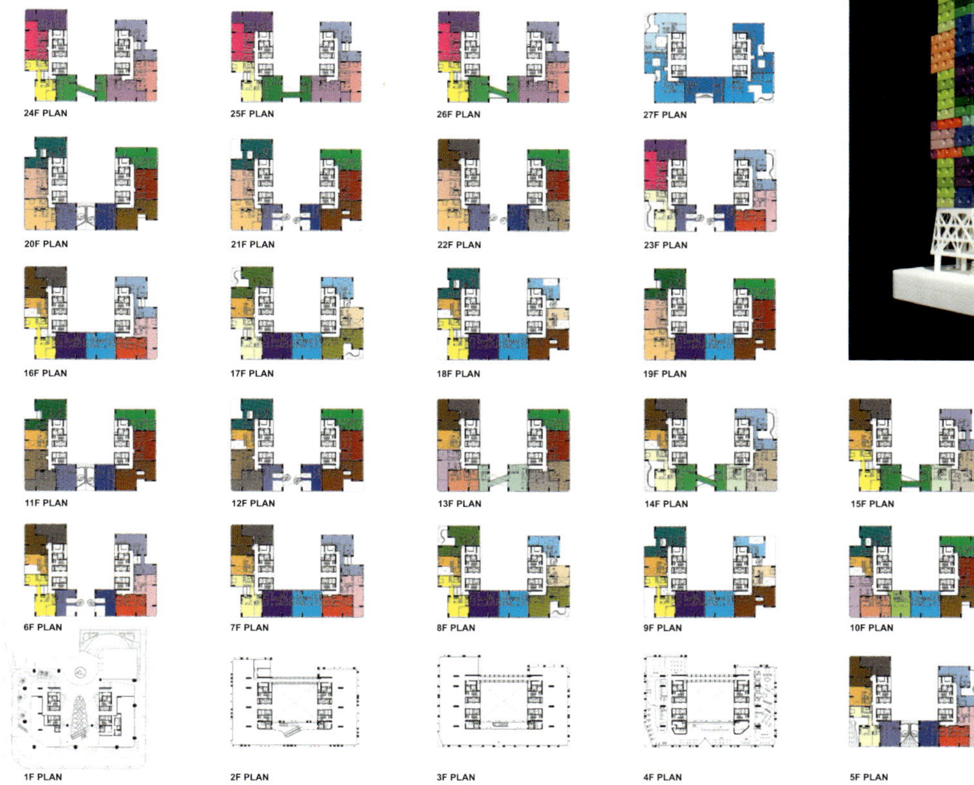

Mass Studies Grundrisse Floor plans

Newton Suites
Singapur Singapore

Architekten Architects
WOHA, Singapur: Wong Mun Summ, Richard Hassell, Chan Ee Mun, Ang Chow Hwee, Pham Sing Yeong, Goh Soon Kim, Sabrina Foong
www.wohadesigns.com
Bauherr Client
UOL Group Limited
Grundstücksfläche Site area 3 843 m²
Grundfläche Ground footprint 1 537 m²
Nettogeschossfläche Net floor area 16 640 m²
Höhe Height 194 m
Fertigstellung Completion 2007
Nutzung Wohngebäude Use Residential building

Dieses 36-stöckige Gebäude ist ein Modell für umweltfreundliche Hochhäuser in den Tropen und integriert unterschiedliche nachhaltige Elemente in eine zeitgenössische Konfiguration. Das Gebäude liegt am Rand einer Hochhausbebauung und unmittelbar vor einem höhenbegrenzten Bereich, der einen weiten Blick über die Naturschutzgebiete erlaubt, ein seltener Luxus im dicht besiedelten Singapur.

Die Außenhaut des Gebäudes nutzt Elemente zum Sonnenschutz, gemusterte Paneelstrukturen und vorspringende Balkone, um eine funktionale und gleichzeitig prägnante Fassade zu schaffen. Der horizontale Sonnenschutz aus einem dehnbaren Metallgewebe filtert das starke tropische Sonnenlicht. Er verhindert die Solareinstrahlung und erlaubt gleichzeitig eine visuelle Verbindung zur Erde. Das ausgezogene Gewebe sieht je nach Blickwinkel anders aus und erscheint in einer Bandbreite von geschlossen bis transparent. Dieser Aspekt, zusammen mit dem Schattenspiel und den sich überschneidenden Mustern von Schatten und Gewebestruktur gibt dem Gebäude im Verlauf der Tageszeiten ein fortwährend bewegtes, unscharfes und wechselhaftes Aussehen. Die Schattenmuster verändern auch das Aussehen der Vorsprünge der Erkerfenster – Elemente, die aufgrund der Bauvorschriften den Gewinn des Bauträgers erhöhen und bei Wohnungen in Singapur standardmäßig eingesetzt werden – und binden sie somit in die Sprache des Gebäudes ein.

This thirty-six-story development is a model for environmental solutions to tropical high-rise living integrating several sustainable devices into a contemporary architectural configuration. The building sits at the edge of a high-rise zone and fronts a height-controlled area that affords expansive views of the central nature reserves; a rare luxury in densely built Singapore.

The exterior of the tower uses sunshading elements, patterned planes of textured panels and protruding balconies to create a façade that is functional yet distinctive. The horizontal, metal expanded mesh sunshading screens the strong tropical sunlight. It prevents insolation while permitting visual connection to the ground. The angled expanded mesh changes appearance with viewpoint, appearing anywhere between solid and transparent. This, combined with the cast shadows and interference patterns between the shadows and the mesh, gives the building a constantly shifting, blurred appearance depending on the time of day. The layers of sunshading screens also changes the reading of the projections of the bay windows, a standard applied feature of Singapore apartments due to their contribution to developer profit and prescriptive regulations, embedding them in

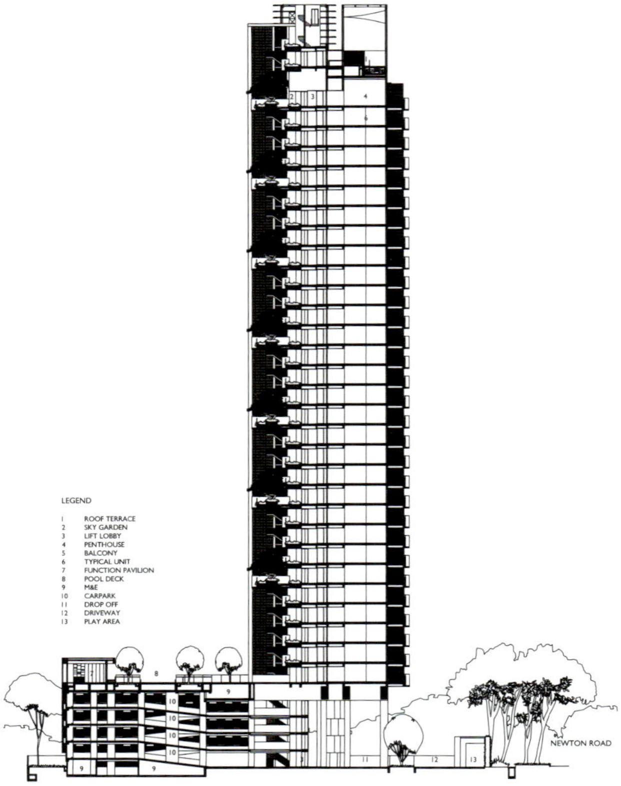

Schnitt **Section**

Standardgrundriss mit Deck
Typical floor plan with deck

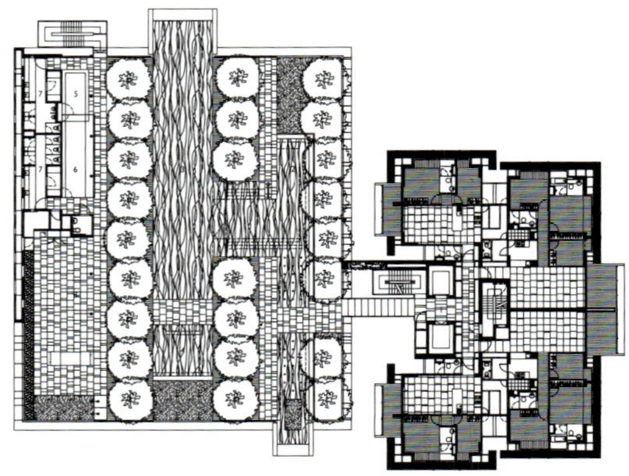

Vorstehende Dachterrassen und Balkone in Kombination mit den Sonnenschutzblenden schaffen eine Lebensumgebung im Freien, die durch vielfache Querlüftungselemente aufgrund ihrer Höhe besonders für das heiße tropische Klima geeignet ist.

Das Gebäude liegt über dem Bodenniveau und über dem Lärmpegel der benachbarten Straße, und somit haben auch die untersten Wohnungen Ausblick auf die gemeinsam genutzte, begrünte Terrasse an der Rückseite und auf die Naturschutzgebiete zur Vorderseite. Die erhöhte Lage des Gebäudes führt dazu, dass viel Platz unterhalb der eigentlichen Gebäudefläche verbleibt, die üppig begrünt wird und sich mit dem landschaftlich gestalteten Gelände rings um das Gebäude verbindet.

Pro Stockwerk gibt es vier Wohnungen mit großen Balkons, die man als zusätzliche Zimmer im Freien mit Blick auf das Naturschutzgebiet und das Stadtzentrum nutzen kann. Die dienenden Bereiche sind blickgeschützt und öffnen sich an der Rückseite des Gebäudes nach außen. Trotz der „gestapelten" Anordnung der Wohneinheiten gibt es verschiedene Querlüftungsmöglichkeiten vom Balkon im vorderen Teil durch die dienenden Räume auf der Rückseite in Verbindung mit der Passivenergiefassade, die sicherstellt, dass die Einheiten für das tropische Leben geeignet sind, ohne zu sehr von mechanischer Kühlung abhängig zu sein.

Landschaftsgärtnerische Elemente werden als Material benutzt – begrünte Dächer, Dachterrassen und grüne Wände wurden von Anfang an in die Gestaltung mit einbezogen. Vorhänge aus Kletterpflanzen werden Teil der Wände und schaffen visuelle Auflockerung, absorbieren Sonnenlicht und Kohlenstoff und sorgen in einer dicht besiedelten Umgebung für Sauerstoff. Der Großteil aller horizontalen und vertikalen Flächen ist begrünt, der Anteil der begrünten Flächen beträgt 130 Prozent (110 Prozent bepflanzt) der gesamten Grundstücksfläche. Auf dem Dach des Parkhauses, aber auch auf den Freiflächen für je vier Stockwerke sind Bäume gepflanzt und bilden den krönenden Abschluss der Dachterrassen der Penthäuser.

Der überirdische Parkplatz verbraucht wesentlich weniger Energie als eine Tiefgarage und ist völlig von Kletterpflanzen und Bodendeckern eingewachsen, die die Autoabgase absorbieren. Auf dem Dach des Parkhauses befindet sich ein großes Clubhaus mit einem Fitnessbereich, Dampfsauna, Partyräumen und einem 25-Meter-Schwimmbecken mit einer Überfließkante aus Glas.

Die Bewohner genießen ein Blickpanorama, eingefasst von den Dachterrassen und Pflanzen. Das tropische Lebensgefühl des Wohnens sowohl im Haus als auch im Freien wird umgesetzt und in die Höhe übertragen. Gemeinsame Dachgärten sind ein Blickfang an den Aufzugsvorräumen und erlauben beim Warten auf den Aufzug in der Hektik des Arbeitsalltags einen kurzen Kontakt mit der frischen Luft, den Bäumen und dem Himmel.

Die Umweltaspekte in Kombination mit dem hohen Wohnwert der Wohnungen und die großzügigen Gemeinschaftsbereiche werden in einem tropischen Gebäude verbunden, das der nationalen Vision Singapurs als einer grünen Stadt mit verbesserten Lebensbedingungen für die Bewohner gerecht wird.

the language of the building. Protruding sky gardens and balconies combined with sunshading screens create outdoor living environments that are sheltered with ample cross-ventilation due to its elevated location, and are particularly suited for the hot tropical climate.

The building is elevated above the ground level to mitigate noise pollution from the adjacent street and view blockage with the lowest habitable unit enjoying views of the communal landscaped deck at the rear and views out to the nature reserves in front. The elevated building also affords a high volume drop-off on the ground level with lush landscaping flowing from the external under the building footprint for a larger landscaped area.

Residential units are stacked four per floor with habitable balconies treated as outdoor living rooms oriented towards views of the nature reserve and city center. Service areas are screened from view and open to the external at the rear of the units. Despite the stacked layout of the units, ample cross-ventilation from the balcony front through the services areas at the rear coupled with the passive environmental façade features ensure that the units are conducive for tropical living without depending on mechanical cooling.

Landscape is used as a material – rooftop planting, skygardens, and green walls were incorporated into the design from the very beginning. Creeper screens are applied to walls to create visual delight, absorb sunlight and carbon, and create oxygen in the dense environment. Most horizontal and vertical surfaces are landscaped; creating an area of landscaping that is 130 percent (110 percent planted) of the total site. Trees cover the carpark, project from the skygardens at every four levels and crown the building at the penthouse roof decks. The above ground carpark uses far less energy than an underground carpark and is fully enclosed with creepers, absorbing exhaust emissions. The carpark roof houses a substantial clubhouse with gym, steam room, party areas, and 25-meter swimming pool with a glass overflow edge. The end user experiences panoramic views foregrounded by sky gardens and greenery, bringing the indoor-outdoor potential of living in the tropics into the sky. Common skygardens create delight at every lift lobby, turning the wait for the lift in the rush to work into a brief contact with fresh air, trees and sky. The two penthouses include swimming pools with double volume mesh pergolas.

The environmental elements added to liveable apartments and extensive communal areas combine to make a tropical building that achieves both Singapore's national vision for a green city and an improved living environment for the inhabitants.

Auszug aus der Jurybegründung:

Ein sehr klimabewusst konzipiertes Wohnhochhaus, für das verschiedene Möglichkeiten ausgeschöpft wurden, um unter tropischen Bedingungen eine passive Raumklimatisierung zu erreichen, wie zum Beispiel durch senkrechte begrünte Wände und herausragende große Balkons für halböffentliche Bereiche. Die von Landschaftsplanern gestalteten Flächen sind auf diese Weise wesentlich größer als die eigentliche Grundstücksfläche. Eine speziell entwickelte Form von Sonnenblenden erzeugt einen Eindruck von Unschärfe; der Ausblick von den Wohnungen aus bleibt erhalten, die direkte Sonneneinstrahlung wird jedoch verhindert. Dieses Projekt steht für eine Weiterentwicklung der vertikalen Wohnformen in dicht bebauten Metropolen mit einer hohen und stimulierenden Qualität des Lebensraumes. Daher kann es als richtungsweisendes Modell für andere tropische Städte betrachtet werden.

Excerpt from the jury statement:

A very climate-conscious residential high-rise that adopts a variety of issues to control the climate in a passive way for tropical living conditions, such as vertical green walls and protruding large balconies for semi-public areas. Thus, the amount of landscaping is a lot higher than the original size of the site. A specially developed type of sun shadings adds a blurry appearance by still maintaining views from the apartments and keeping out direct sun. This project represents a refinement of vertical living in dense metro cities that keeps the quality of the surrounding environment high and refreshing, and can thus be seen as a role model for other tropical cities.

New York Times Building
New York, USA

Architekten Architects
Renzo Piano Building Workshop, Paris
www.rpbw.com
In Zusammenarbeit mit In collaboration with
FXFowle Architects, P.C., New York
Projektarchitekten Project Architects RPBW:
Renzo Piano, Bernhard Plattner, Erik Volz
Projektarchitekten Project Architects FXFowle:
Bruce Fowle, Daniel Kaplan
www.fxfowle.com
Bauherr Client
The New York Times Company/Forest City Ratner Company, New York
Grundstücksfläche Site area 7 442 m²
Grundfläche Ground footprint 6 150 m²
Nettogeschossfläche Net floor area
ca. approx. 95.000 m²
Höhe Height 319 m
Fertigstellung Completion 2007
Nutzung Use Bürogebäude Office building

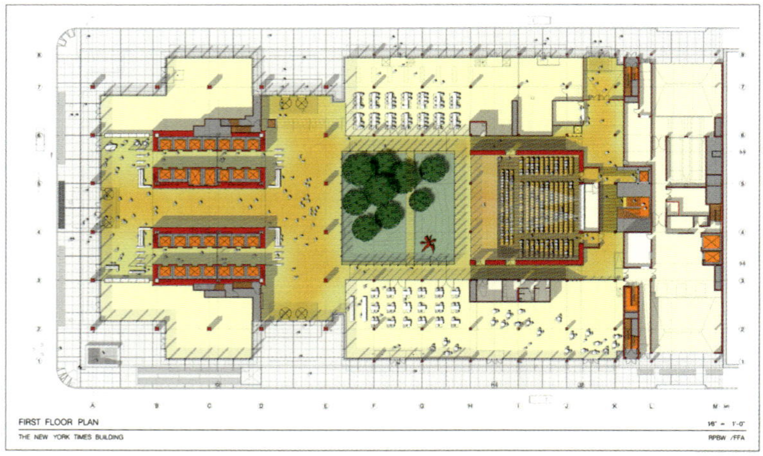

Grundriss 1. Obergeschoss First floor plan

Demokratie, Offenheit, Transparenz – diese Grundprinzipien und Werte, für die die *New York Times* steht, sollten auch die Architektur des neuen Hochhauses am Times Square bestimmen, das der wohl wichtigsten Tageszeitung der USA als neuer Firmensitz dient. Auch nach dem Anschlag vom 11. September 2001 setzten Bauherr und Architekten die Planung eines Gebäudes, mit einer leichten, transparenten und zurückhaltenden Anmutung fort, das auch für die Öffentlichkeit zugänglich sein sollte.

Die Grundstruktur des schlank aufragenden Hochhauses entstand aus dem Gedanken, das Gebäude in eine Anzahl verschiedener Schichtungen aufzulösen. Die Fassaden der Türme sind aus einer Kombination von Vorhangfassaden aus Klarglas und vorgehängten Screens aus schmalen, weißen Keramikröhren gebildet. Die Keramiklayer haben die Funktion eines energieeffizienten Sonnenschutzes und lassen das Leben der Stadt wie durch einen Filter einsickern. In der Fassadenschichtung von außenliegender Stahlkonstruktion, Klarglas und glatter Keramik werden die Nuancen und Farben des New Yorker Lichts eingefangen und reflektiert; bei entsprechenden Lichtverhältnissen legen sie sich wie ein Weichzeichner um das Gebäude.

Democracy, openness, transparency – these are the fundamental principles and values for which *The New York Times* stands. Therefore, it was only logical that the new high-rise on Times Square, destined to be the new corporate home to what is probably the most important newspaper in the United States, was meant to reflect these principles, as well. Even after the 9/11 attacks, the developer and the architects continued working to plan a building that was light, transparent and restrained.

The basic structure of the slender and very tall high-rise stems from the idea of resolving the building into a number of layers. The towers' façades are formed from a combination of clear-glass curtain walls and screens made of thin white ceramic tubes. The ceramic layers function as an energy-efficient solar protection, so that urban life outside enters the room as if through a filter. The layering of the façades (outer steel structure, clear glass, and smooth ceramics) captures and reflects all the nuances and colors of New York light, and when the light is right bathes the building in softness.

PARK
icon
Parking
FOR DESIGN
PARSONS
STAPLES
JACK'S
restaurant & bar

Über die Höhe der Fassade variiert die Dichte der Screens: im Brüstungsbereich sind die Keramikröhren mit weiteren Abständen gesetzt, um den Ausblick zu gewährleisten; zur Decke hin sind sie dichter angeordnet, um zu hohe Sonneneinstrahlung zu verhindern.

Es hat den Anschein, als ob das Hochhaus mit zunehmender Höhe immer filigraner wird. Die Gebäudeecken sind zurückgesetzt, sodass hier viel natürliches Licht in die Innenräume fallen kann. Die Keramikscreens lassen die Ecken frei, sodass der Turm in seinen Proportionen noch schlanker erscheint. Auf dem Dach, angrenzend an Besprechungsräume, liegt ein Garten als Ort der Ruhe und Kontemplation, der von dem Screen aus Glas und Keramik vor Wind geschützt ist. An der Spitze des Turmes wächst die feingliedrige Keramikkonstruktion etwa acht Meter über das oberste Geschoss hinaus und scheint sich gen Himmel aufzulösen.

Die Gebäudebasis öffnet sich zur Stadt und ihren täglichen Ritualen: durch diverse Layer von Glasfassaden bleiben die beiden Lobbys und der innere Garten im Atrium von der Straße aus einsichtig. Auf Straßenniveau befinden sich ein halböffentliches Auditorium mit 400 Sitzen, Restaurants und Ladengeschäften, die zum Alltagsleben der Straße beitragen. Die vertikale Erschließung wird durch 28 Hochgeschwindigkeitsaufzüge und durch offene zusätzliche Treppen gewährleistet, die sich an der seitlichen Fassade befinden und von außen sichtbar sind.

Im Gebäudesockel liegt über dem Auditorium, auf drei Geschosse verteilt, der Newsroom der *New York Times*, dem die Funktion eines „Maschinenraumes" für das gesamte System zukommt. Er grenzt an das bepflanzte Atrium und erhellt nachts die umliegenden Straßen wie eine große magische Laterne, die immer leuchtet und immer aktiv ist.

Es sind keine spektakulären Formen, mit denen der neue Sitz der *New York Times* Aufmerksamkeit erregt. Vielmehr sticht er mit seiner sublimen Eleganz, seiner speziellen Textur, den sorgfältigen Details und der durchlässigen Verbindung zur Stadt aus der Menge der umgebenden Wolkenkratzer hervor und zeigt inmitten von Manhattan, dass ein Hochhaus auch Werte jenseits von Macht und Hybris versinnbildlichen kann.

The density of the screen varies depending on the height of the façade: at the parapet level the ceramic tubes are positioned farthest apart in order to ensure a good view; at the ceiling level they are denser to prevent stronger incursion of sunlight.

The appearance created is that the higher the building gets, the more filigree the structure. The corners of the building are set back so that much natural light enters the interior; thus, the ceramic screens leave the corners out, lending the tower's proportions an even more slender appearance. On the roof, next to the meeting rooms is a garden, providing contemplative peace and quiet, protected from the wind by the glass and ceramic screen. At the tip of the tower, a refined ceramic structure rises some eight meters above the uppermost story and seems to dissolve into the heavens.

The building's podium opens out to the city and its daily rituals: thanks to the various layers of glass façades, the two lobbies and the indoor garden in the atrium are visible from the street. At street level, there is a semi-public auditorium seating 400, as well as restaurants and stores that foster everyday life in the city. Twenty-eight high-speed elevators and additional open staircases (positioned on the side façade and visible from the outside) provide vertical access.

In the building's pedestal, located above the auditorium and spread across three floors, is *The New York Times*' newsroom, which functions as the "powerhouse" of the entire system. It abuts on the atrium, with its greenery, and at night illuminates the streets in the vicinity like a giant magic lantern that is forever active and bright.

The new head office for *The New York Times* does not catch the eye with spectacular shapes. Instead, it stands out from the surrounding skyscrapers precisely for its sublime elegance, its special texture, the careful detailing, and the permeable link to the city, showing that in the middle of Manhattan a high-rise can symbolize values that have nothing in common with power or hubris.

DKNY

Fassadenschnitt
Section façade

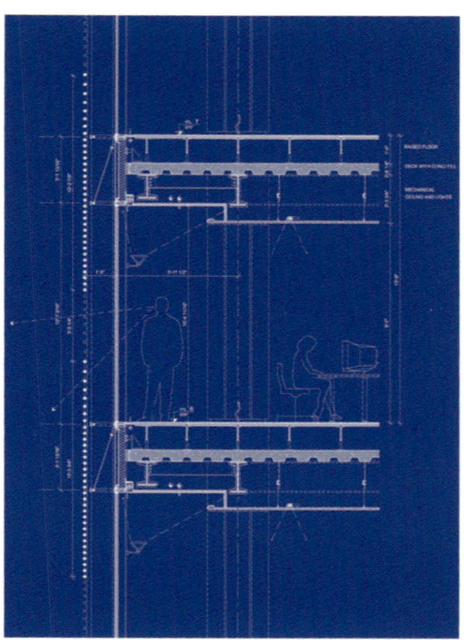

Standardgrundriss Büroetage
Typical office floor

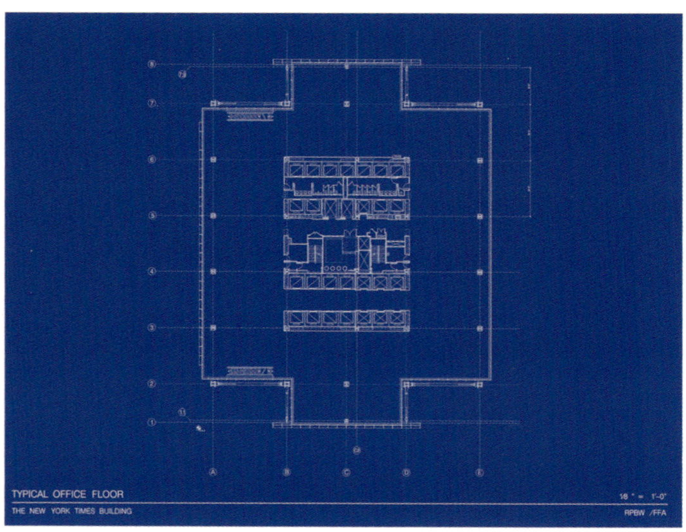

Auszug aus der Jurybegründung:

Die verfeinerte Variante eines typischen Hochhauskonzepts durch Materialentwicklung. Für die neue Fassadenform wurden komplexe, das Sonnenlicht filternde Keramikelemente verwendet, die zugleich als Verschattungseinrichtungen fungieren und eine helle und freundliche Arbeitsatmosphäre erzeugen. Die Innenräume scheinen sich offenbar positiv auf die interne Kommunikation der Nutzer auszuwirken. Die beabsichtigte Transparenz wurde durch die feine, gitterartige Fassade und die Gesamtanordnung konsequent realisiert, wobei innen ein visueller Korridor der Seitenstraßen außerhalb des Gebäudes erzeugt wird. Im Hinblick auf die Stadtplanung entsteht in der Skyline der Stadt insgesamt der Eindruck eines anwesenden und doch fehlenden Gebäudekörpers. Die Lösung in Form der strukturierenden Stützen, teilweise innen und teilweise im Außenbereich, wurde von der Jury in Frage gestellt. Aufgrund der eleganten Formgebung und der feinen Ausführung ein sehr starker Beitrag.

Excerpt from the jury statement:

An elegant refinement of a typical high-rise typology through material development. A new type of façade was employed using intricate ceramic screens that filter sunlight and act as shading devices, creating a light and friendly working environment. This interior seems to work well in enhancing the internal communications of its users. Its intended transparency was consequently materialized through the use of its delicate lattice façade and its overall layout, creating a visual corridor of the side streets inside. In urban terms, it also creates a sort of missing volume in the city skyline. The use of the structural columns partly inside, partly outside the façade was questioned. A very strong contribution in that it creates a most elegant form executed with an intricate finesse.

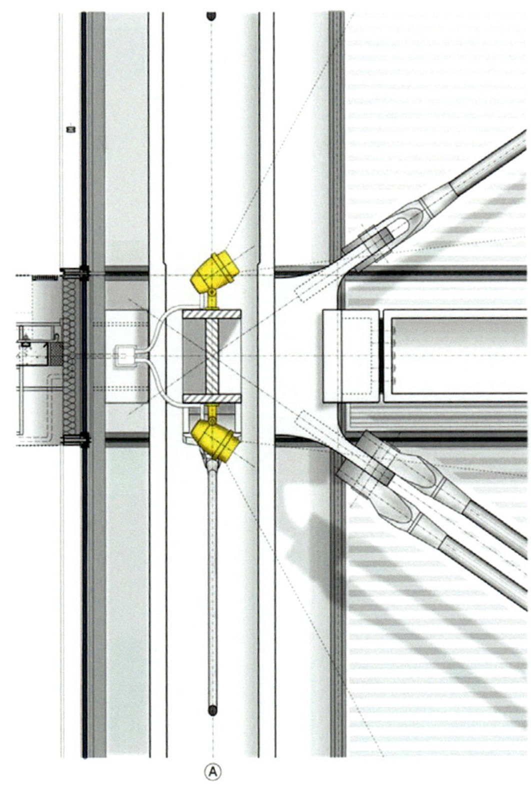

Fassadendetail: Stahlverbindung an der Gebäudeecke
Detail façade: corner steel connection

Finalist 2008

TVCC – Television Cultural Center

Peking Beijing, China

Architekten Architects
Office for Metropolitan Architecture Rotterdam/Beijing
www.oma.eu
Verantwortliche Partner Responsible partners:
Ole Scheeren und and Rem Koolhaas
Projektarchitekten Project architects: Charles Berman, David Chacon, Erez Ella, André Schmidt
Projektmanager Project manager: Dongmel Yao
Bauherr Client: China Central Television (CCTV)
Grundstücksfläche Site area
4 ha TVCC-Grundstück; 4 ha TVCC site;
20 ha gesamte Grundstücksfläche 20 ha total site (CCTV Headquarters)

Grundfläche Ground footprint 10 245 m²
Nettogeschossfläche Net floor area 78 000 m²
Höhe Height 159 m
Fertigstellung Completion 2008
Nutzung Use
Theater, Großleinwand-Kinos, Fernsehstudios, Ausstellung, Hotel
Theater, big-screen cinemas, TV studios, exhibition space, hotel

Das TVCC – Television Cultural Center liegt im östlichen Teil von Peking, mitten im Herzen des neuen Central Business District. Es ist eines von drei Gebäuden des Pekinger Prestigeprojektes China Central Television Headquarters und wurde zur Olympiade 2008 offiziell eröffnet. Als Antagonist zum spektakulären Hauptproduktions- und Bürogebäude CCTV wurde das kleinere TVCC mit einer einfacheren Struktur, aber einer komplexen Geometrie realisiert. Unter seinem charakteristischen Dach birgt das TVCC nicht nur Fernsehstudios und ein Hotel, sondern auch alle öffentlichen Bereiche des Projektes, die auf den ersten vier Ebenen in Boxen übereinander gestapelt sind und einen urbanen Mikrokosmos bilden: ein Theater für 1500 Personen, Tonaufnahmestudios, digitale Kinos, Nachrichtenstudios. Der Standort der Boxen erfolgt zum einen aus den Anforderungen der verschiedenen Funktionen, wird aber auch aus dem Piranesi-Bildmuster abgeleitet, das der ganzen Anlage zugrunde liegt.

Während die Funktionen in den abgeschlossenen Boxen wie Räume in einem Haus wirken, erscheinen die Lobbies, das Theaterauditorium und der Hoteleingang wie öffentliche Räume in einer Stadt. Das Theater kann mit einer beweglichen Wand geöffnet werden, sodass die klassische Trennung von Foyer, Auditorium und Bühne aufgehoben wird. Da jeder Bereich sowohl als Bühne als auch als Auditorium nutzbar ist, kann die Bühne je nach Bedarf immer wieder neu positioniert werden.

Television Cultural Center (TVCC) is located in the eastern part of Beijing, right in the heart of the new Central Business District. It is one of three buildings of the Beijing prestige project China Central Television Headquarters scheduled to open officially for the Olympic Games 2008. Designed as an antagonist to the spectacular main production and office building CCTV, the smaller TVCC is structurally simpler but geometrically complex. Under a characteristic roof the building not only houses TV studios and a hotel but also all the public areas of the project, located in the first four levels and distributed into different boxes, so that an urban microcosm is generated inside: a 1500-seat theater, audio recording studios, digital cinemas, and news studios. The location of the boxes follows the requirements of the individual functions, but is also derived from the Piranesi pattern underlying the whole site.

While the main spaces of each program in the enclosed boxes are similar to residual spaces, the lobbies, theatre auditorium, and the hotel drop-off shall be understood as public spaces in a city. The classical separation of the foyer, auditorium, and stage can be eliminated by opening the dividing movable panels to combine all spaces into one large entity. Since the use of every area as a stage or auditorium is flexible, the theater can be repositioned by the multiple usage of this space.

Über dem fünften Stockwerk definieren die Hotelzimmer und das Dach ein 100 Meter hohes Atrium und die Öffnung der Rezeptionslobby. Die Hotelzimmer sind zu einem Turm von 159 Meter Höhe übereinander gestapelt. Nach Süden versetzt angeordnet, verschatten sie sich gegenseitig und bilden eine pixelartige Fassade während die Nordfassade flach bleibt. Die Ost- und die Westseite sind fast opak. Alle Funktionen werden von dem großen Dach zusammengehalten, das den Baukörper von Osten nach Westen überdeckt.

Das Dach hat ein Stahltragwerk; die Fassade besteht aus den beiden Hauptmaterialien Glas und Titanzink. Unter dieser Titanzinkhaut befindet sich eine Mischung aus Glas, Aluminium, Stein und anderen Materialien, die als unabhängige, geschlossene Volumen die verschiedenen Programme darstellen. Die meisten der Gebäudestrukturen wurden aus Stahlbeton gefertigt; einige der Boxen, Hotelzimmer und der Theaterrollenboden sind Stahlkonstruktionen.

Zu den ökologischen Kenndaten des Gebäudes gehören eine zentrale Kühlungsanlage im benachbarten Servicegebäude, wo Eiskühlung über ein Verteilersystem für das Kaltwasser der Klimaanlage zugunsten eines effizienten Energiemanagements eingesetzt wird. Die Wärmeschutzbeschichtung der Glasfassaden entspricht den internationalen Energieeinsparungsstandards; das Glas ist laminiertes, hitzeverstärktes graues Sonnenschutzglas.

Above level five, the hotel rooms and the roof define a 100-meter tall atrium and the reception lobby void. The hotel rooms are stacked atop each other to form a tower 159 meters high, creating an expressive pixelized façade of self-shading hotel room windows, while the north remains straight and flat. All functions are held together by the large roof that wraps over the whole building from east to west.

The roof is made from a steel space frame. The façade is constructed by two primary materials, glass and titanium-zinc. Under this titanium-zinc skin a composition of glass, aluminium, stone, and other materials are enclosed as independent volumes that portray various programs. Most of these structures are executed in reinforced concrete, while some of the boxes such as the service box, hotel function rooms, and the theater fly tower are steel structures.

Ecological design features include a central chiller plant in the adjacent service building, which uses ice storage for efficient energy management, adopting a displacement system. All façade glass used in the building has a low-e coating to reduce solar energy gain and follows international energy-saving standards. The glass is laminated heat strengthened gray (body tinted) glass.

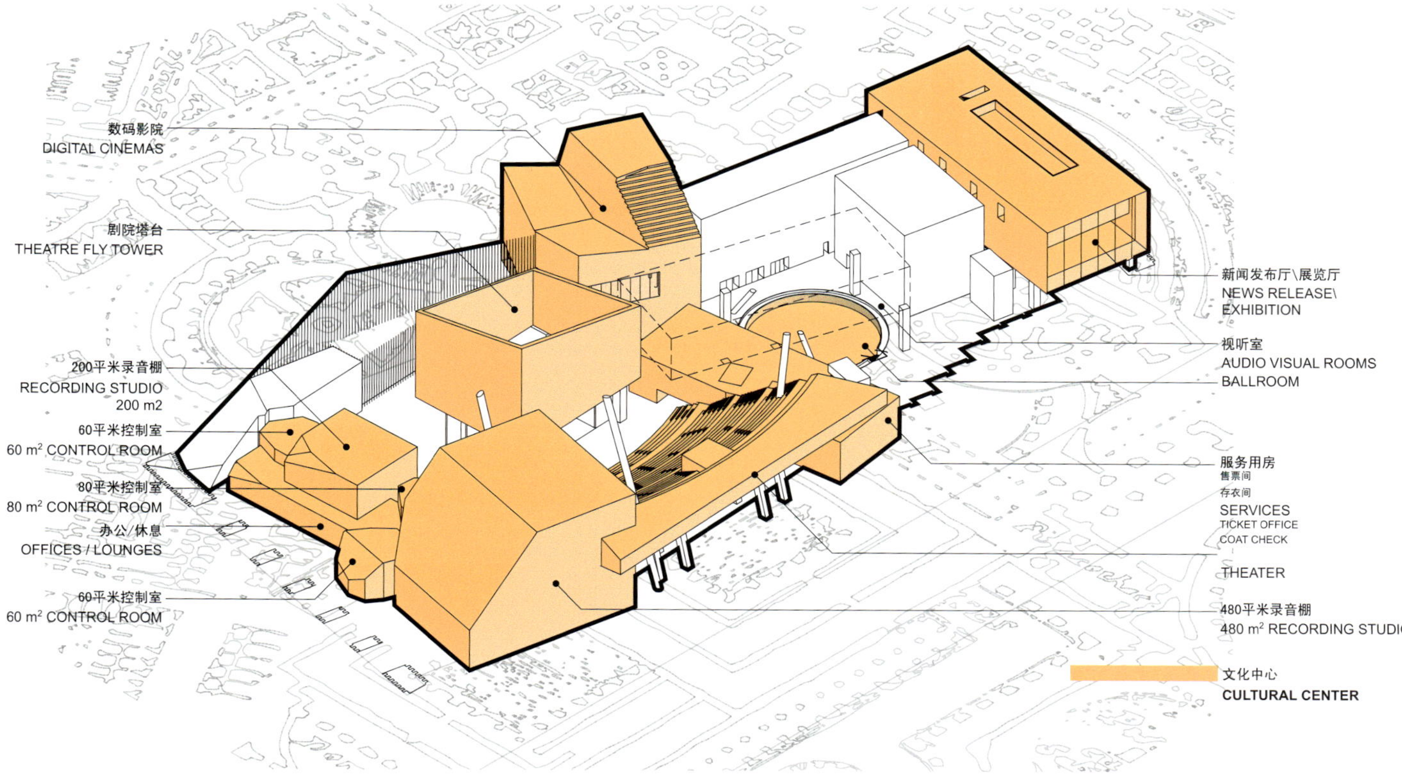

Programmatisches Diagramm I (Ebene 1–4)

Programmatic diagram I (Level 1–4)

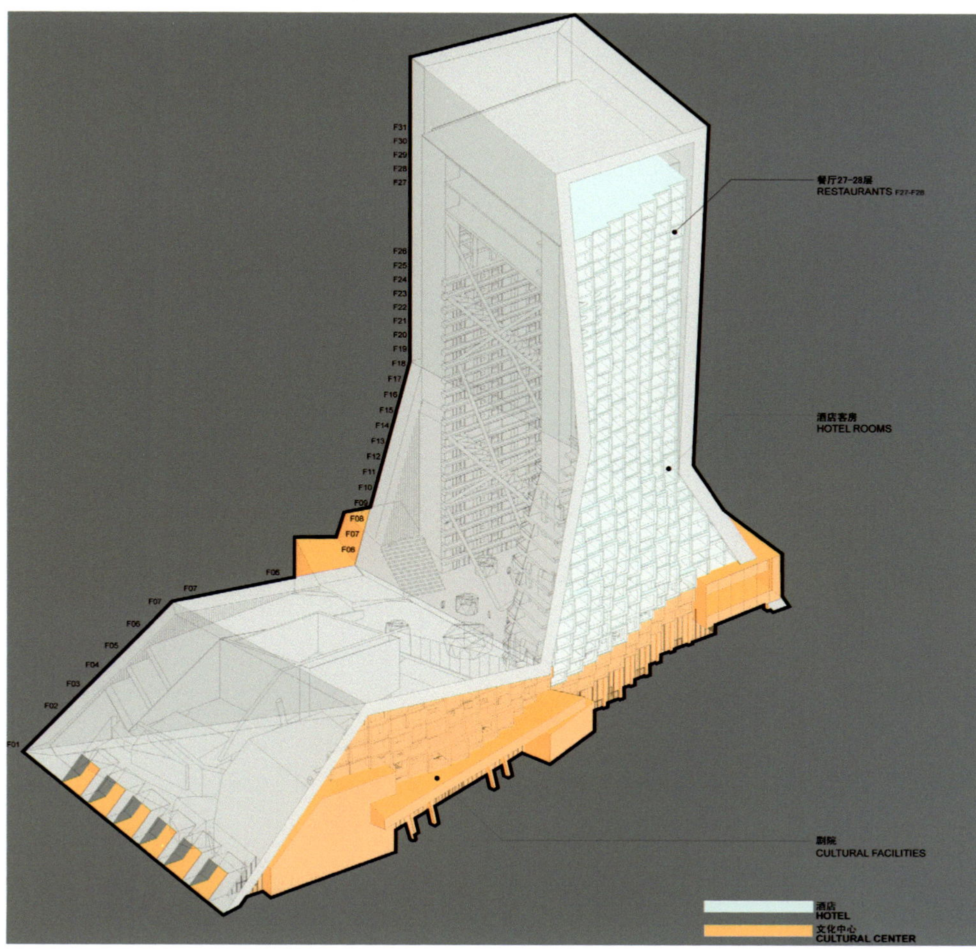

Programmatisches Diagramm II

Programmatic diagram II

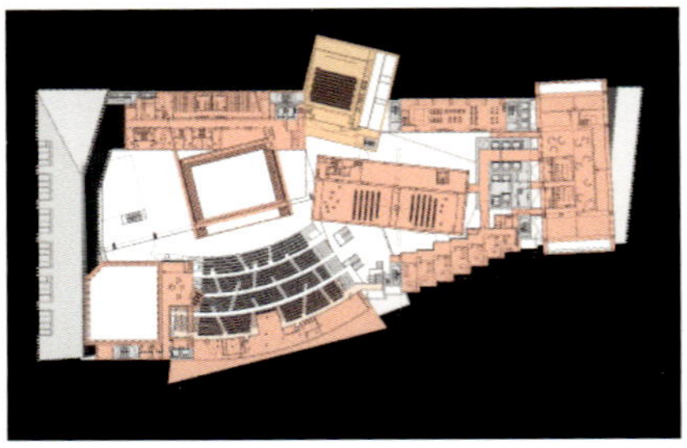

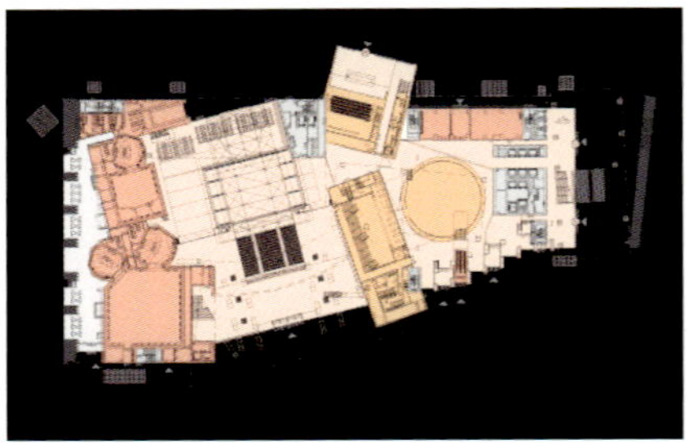

Oben: Grundriss Ebene 4
Unten: Grundriss EG
Top: Floor plan level 4
Bottom: Ground floor

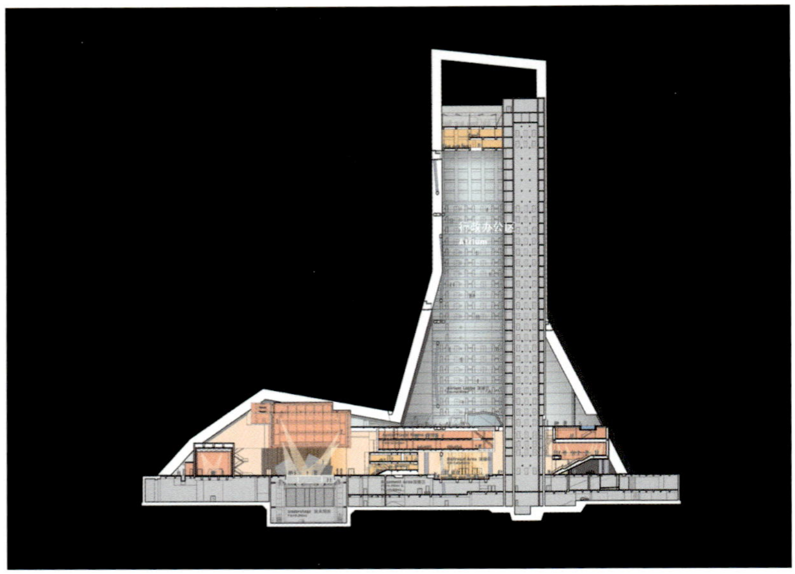

Schnitt
Section

Explosions-axonometrisches Diagramm
Exploded axonometric diagram

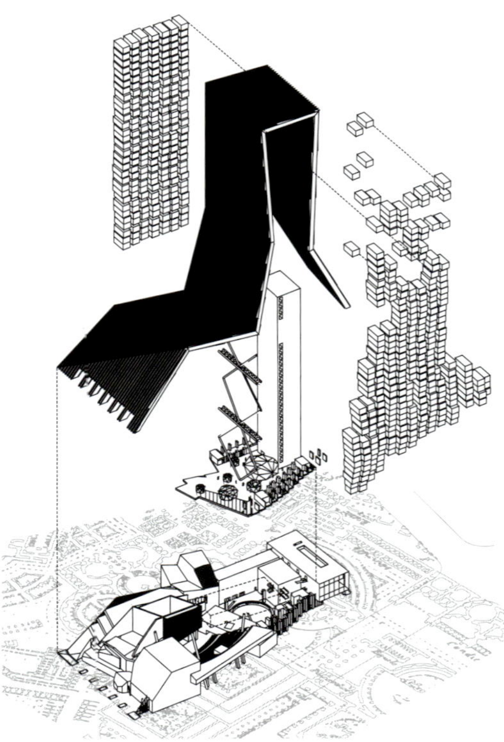

Auszug aus der Jurybegründung:

Hier wurde ein Konzept realisiert, das „unter einem Dach" ein divergierendes Nutzungsprogramm vereint. Die Silhouette des Gebäudes ist prägnant und trägt eindeutig mit einer Art kleiner Erhebung zur Skyline bei, ein grafisches Zeichen. Hervorgehoben wurde, dass die Kühnheit und Kraft der Ausführung und der Details das Spektakuläre der Form in den Hintergrund treten lassen und dem Gebäude eine sehr unmittelbare Qualität verleihen. Obwohl es sich sozusagen um den kleinen Ableger neben dem wesentlich größeren CCTV-Komplex handelt, zeichnet sich dieses praktisch unbekannte Gebäude durch eine Reihe herausragender Merkmale aus, die seine Einbeziehung in diese Gruppe unterstreichen. Eine sehr eigenständige und neue Lösung für ein Hochhaus, wie man sie noch nicht kennt.

Excerpt from the jury statement:

A concept was realized that unifies all sorts of diverging programs "under a single roof." Yet the silhouette is kept distinct and clearly contributes to the skyline by adding a sort of a little hill to it – a very strong and graphic sign. The boldness and power of the finish and the details were also noted, taking away the glamour but adding a gritty quality to it. Although the little sibling of the much bigger CCTV complex next door, this virtually unknown building shows a lot of fine qualities that underline its inclusion in this group. A new solution for a high-rise that has never been seen before.

Schnitt Theater
Theater section

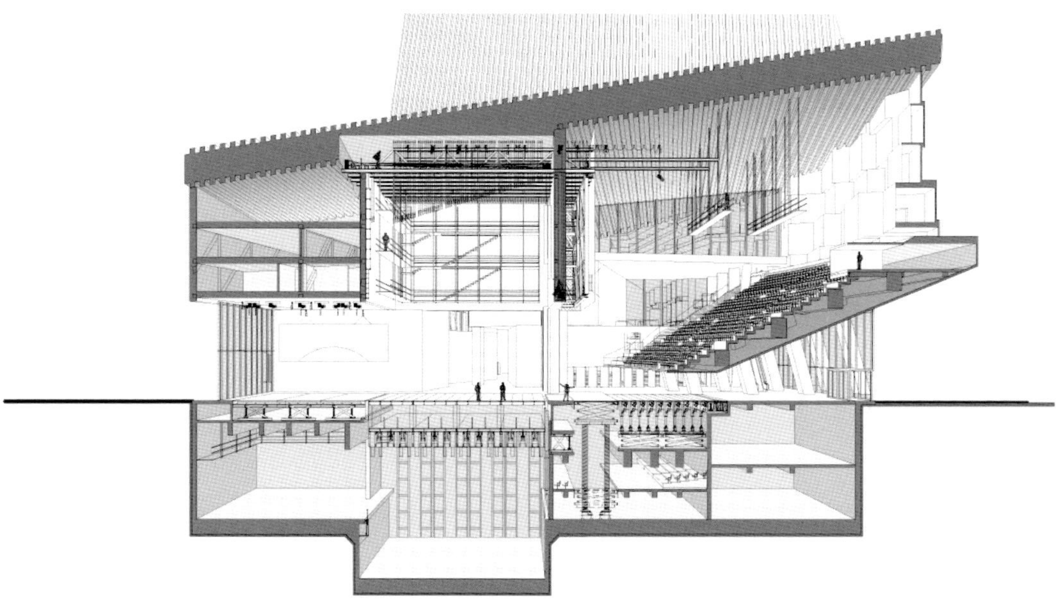

WestendDuo

Frankfurt am Main Deutschland Germany

Architekten Architects
KSP Engel und Zimmermann: Jürgen Engel, Martina Lasse, Uwe Mehring, Ulf Gatzke-Yu, Jong-A Yu, Thomas Busse, Zlatka Damjanova, Ragorn Potiwihok, Anke Wünschmann, Daniel Arfeller, Oliver Burk, Bitoria Vasquez-Roiz, Marc Höricht, Johannes Eichelberger
www.ksp-architekten.de
Bauherr Client
Hochtief Projektentwicklung GmbH
Grundstücksfläche Site area 7 066 m²
Grundfläche Ground footprint Hochhaus High-rise 1 176 m² ; Untergeschoss Basement 1 728 m²
Nettogeschossfläche Net floor area Hochhaus High-rise 20 200 m²; Untergeschoss Basement 10 850 m²
Fertigstellung Completion 2006
Nutzung Use Bürogebäude mit öffentlichem Restaurant- und Barbereich Office building with public restaurant and bar area

Das WestendDuo an der Bockenheimer Landstraße ist gemessen an seiner Höhe von nur 96 Metern eines der kleineren Hochhäuser in Frankfurt. Die beiden Türme nehmen die Stadtraster des Frankfurter Westends auf, die an der Bockenheimer Landstraße aufeinander treffen. Leicht konvexe Fassaden erzeugen eine dynamische Wirkung entlang der Gebäudelängsachse; aufrecht stehende Fassadenelemente fassen zwei Stockwerke zu einer Einheit und lassen die Türme schlank und elegant wirken.

Das Erdgeschoss als öffentlicher Raum mit Foyer, Bars und Restaurant erweitert den Stadtraum und setzt das Gebäude in Beziehung zu seiner Umgebung. Der alte Baumbestand auf dem Vorplatz blieb unberührt, sodass der Eindruck eines parkähnlichen Grundstücks erhalten blieb.

Die Erschließung der oberen Geschosse erfolgt von dem zentralen Foyer im ersten Obergeschoss. Von hier aus werden die zwischen den Bürohausscheiben gelegenen Foyers der darüber liegenden Etagen über Fahrstühle erreicht. Ein Miet-Konferenzbereich erweitert die Funktionen des Foyers zu einem hausinternen *meeting point*.

Um flexibel auf zukünftige Nutzerwünsche eingehen zu können, ist der Neubau für verschiedene Mietkonstellationen konzipiert. Die Positionierung der Erschließungskerne und die stützenfreien Innenräume ermöglichen sowohl die kleinteiligere Unterteilung und Vermietung von bis zu vier Einheiten pro Etage als auch die Realisierung unterschiedlicher Bürolandschaften vom Großraum über Teambereiche bis zum Zellenbüro.

Judged by its height of just 96 meters, the WestendDuo on Bockenheimer Landstrasse is one of Frankfurt's smaller high-rises. The two towers adopt the urban grids of the Westend district of Frankfurt, which meet on Bockenheimer Landstrasse. The slightly arched façades add momentum to the shape; vertical façade elements transform two stories into a single unit, emphasizing the slender elegance.

The publicly accessible ground floor boasts a restaurant and bars, upgrading the building and the surroundings. The mature trees on the forecourt were left untouched so that the park-like piece of land was preserved.

The upper stories are accessed from a central foyer on the first floor. From here elevators reach the foyers located between the two towers on the levels above. A conference area enhances the foyer's functionality, making it a meeting point for the building in general.

In order to be flexible in its response to future user needs, the new building has been designed to accommodate different tenant configurations. The positioning of the access shafts and the inside rooms, which are pillar-free, enables the rental of smaller sections of up to four units per floor, as well as the creation of a variety of office configurations, from open-plan systems and team rooms, to single-person offices.

Das Energiekonzept des WestendDuos hat einen hohen Nutzungskomfort bei vergleichbar niedrigem Energieverbrauch. Die natürliche Belüftung der Räume über Öffnungsflügel sorgt für ein angenehmes und individuelles Raumklima. Die Doppelfassade minimiert Wärmeverluste und schützt mit dem im Zwischenraum liegenden Sonnenschutz im Sommer vor zu großer Aufheizung.

Eines der Kernelemente des Konzepts ist die Klimadecke, welche im Winter mit erwärmtem und im Sommer mit gekühltem Wasser gespeist wird. Aus 140 Metern Tiefe wird konstant 21 Grad warmes Wasser in das Gebäude gepumpt. Über eine Wärmepumpe und -tauscher wird die Temperaturdifferenz zwischen dem Grundwasser und der Flüssigkeit des Heiz- und Kühlsystems im Sommer zum Kühlen und im Winter zum Heizen genutzt.

In integrativer Planung von Architekten, Tragwerksplanern und Haustechnikern wurde ein innovatives Deckensystem entwickelt, das die optimale Ausnutzung der zulässigen Gebäudehöhe ermöglicht.

Frühzeitig entschloss man sich zur Teilung der in der Decke geführten Haustechnik und der jeweiligen Zuordnung zu dem darüber oder darunter gelegenen Geschoss. Da die Geschosshöhe von drei Metern eingehalten werden sollte, wurde ein gefaltetes Deckensystem entwickelt, in dem je nach Lage eine abgehängte Decke (Zuluft, Sprinkler in den inneren Flurbereichen) oder ein Doppelfußboden (IT, Elektroinstallation in den umlaufenden Bürobereichen) integriert wurde. Zusätzlich erhöht die Faltung der Betondecke ihre Steifheit gegenüber einer herkömmlichen Flachdecke, sodass neben der konstruktiven Innovation auch eine Optimierung von Materialverbrauch und Gewicht erfolgte. Außerdem wird durch diese Konstruktion eine freitragende Spannweite von zwölf Metern erreicht. Mit der Integration der Haustechnik in die Konstruktion der Decke beträgt die Gesamthöhe des Deckensystems 53 Zentimeter. Durch diese Reduktion konnten in einem Hochhaus von unter 100 Metern Höhe 25 Standardgeschosse untergebracht werden.

The aim of the energy concept for the WestendDuo high-rise is a high degree of user comfort provided by comparatively low energy consumption. The natural ventilation in the rooms by means of opening wings ensures a pleasant, individually regulated climate. The dual façade, with its built-in sunscreen, minimizes heat loss and prevents excessive temperatures in summer.

One of the core elements of the concept is the radiant ceiling, which in winter is fed with heated, and in summer with cooled water. This is achieved using a geothermal pump. Water at a temperature of 21°C is pumped from a depth of 140 meters and – using a heat exchanger and heat pump – guarantees a pleasant ambient temperature in both office towers all year round.

An innovative ceiling system designed in closely coordinated planning by the architect, the structural engineers, and the facility management specialists ensures optimum exploitation of the permissible height of the building. Since the architects had to keep to the floor-to-ceiling heights of about three meters, a folded ceiling system was developed in which – depending on the location – a suspended ceiling could be inserted (for ventilation and sprinklers in the indoor corridor areas) or a double floor integrated (for IT and cabling in the adjacent office areas). In addition, the fold in the concrete ceiling enhances its rigidity compared with customary flat ceilings, meaning that in addition to the structural innovation the developers benefited from lower material inputs and optimized weight. The structure enables spans of up to 12 meters. By integrating the facilities technology into the ceiling structure, the total ceiling is 53 centimeters deep. Twenty-five standard stories could be built with a total building elevation of less than 100 meters.

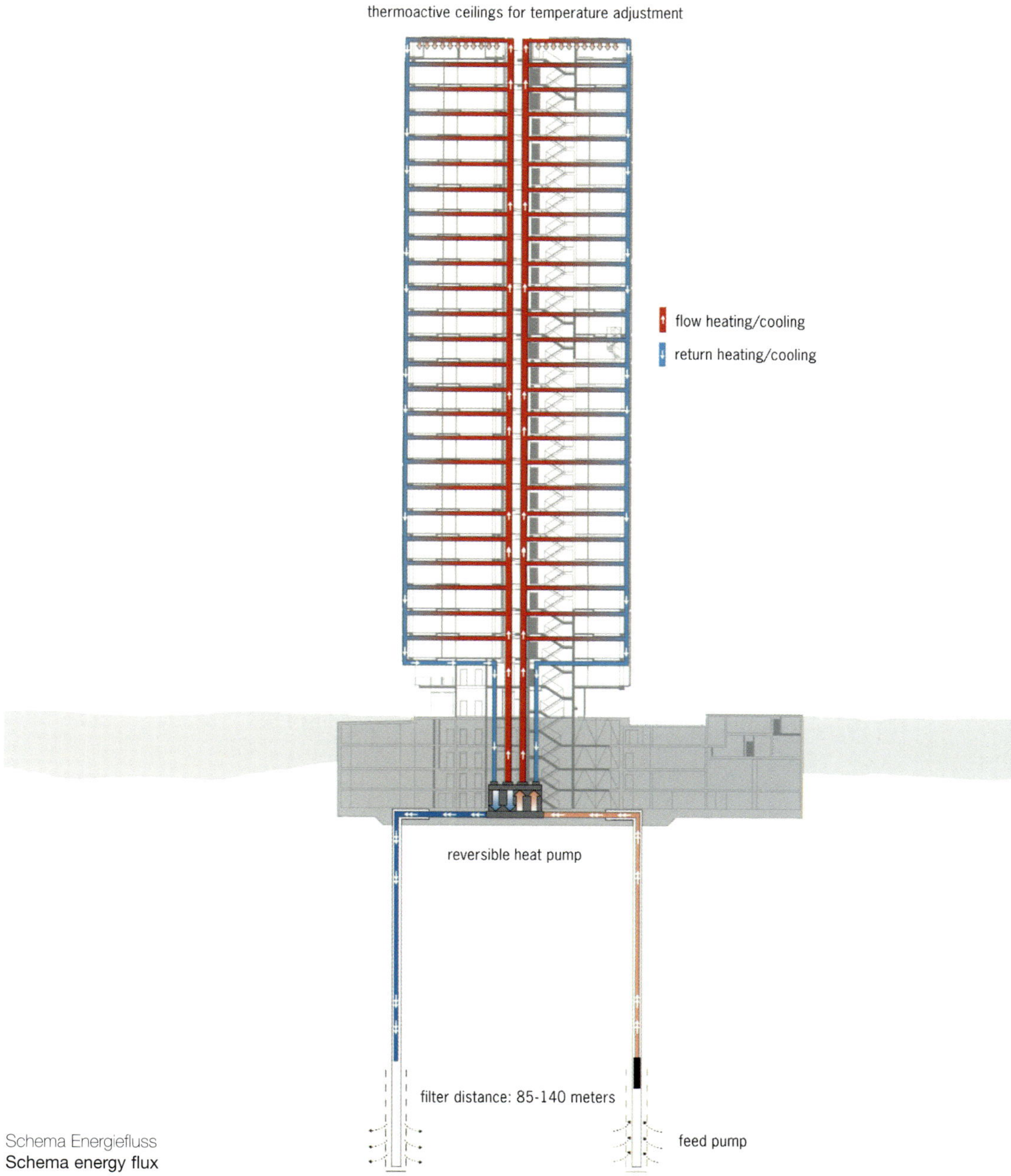

Schema Energiefluss
Schema energy flux

Auszug aus der Jurybegründung:

Die Höhe von 96 Metern (es fehlen 4 Meter, um offiziell am Wettbewerb teilnehmen zu können) stellt in Bezug auf die offizielle Auswahl für die Endausscheidung ein Problem dar. Die Jury beschließt, dass dieses Projekt eine spezielle Auszeichnung für Nachhaltigkeit erhält, da es sich im Hinblick auf die Aspekte Gebäudetechnik, Nachhaltigkeit sowie Benutzer- und Publikumsfreundlichkeit durch einen außerordentlich innovativen Ansatz auszeichnet und daher als beispielhaft im Bereich Projektentwicklung gelten kann. Der Bauherr hat keinen Aufwand gescheut, um hinsichtlich Baukörper und -technik einen Ansatz zu verwirklichen, der tatsächlich einzigartig ist. Die Ausführung der Betonplatten für den Zugang zu den Ober- und Untergeschossen wird als maßgebliche Optimierung im Rahmen von Hochhaus-Typologien betrachtet.

Excerpt from the jury statement:

The height of 96 meters (lacking 4 meters for official participation) is considered a problem in terms of officially being voted as one of the finalists. The jury decides that this project shall receive a special mention for sustainability, as the approach to building services, sustainability, and comfort for users and the public as well, is truly innovative and can serve as a role model for project development. The client has gone a long way to realize an approach to structure and services that is truly unique. The execution of the concrete slabs to service upper and lower floors as needed is seen as a major improvement of high-rise typologies.

Nominierte Projekte 2008 **Nominated Projects 2008**

Adia Headquarters

Abu Dhabi Vereinigte Arabische Emirate **United Arab Emirates**

Architekten **Architects**
Kohn Pedersen Fox Associates (International) PA, London: David Leventhal
Bauherr **Client**
Abu Dhabi Investment Authority, Abu Dhabi
Höhe **Height 194 m**
Fertigstellung **Completion 2007**
Nutzung **Use**
Bürogebäude **Office building**

Eine vertikale Ebene, dreifach gefaltet, lässt zwei fingerähnliche Flügel entstehen, die ein Atrium umschließen. Die Flächen, aus denen sich das Atrium zusammensetzt, sind als Abfolge von „sky gardens" angelegt, ganz in der islamischen Tradition bepflanzter Binnenräume.

A vertical plane folded three times creates two finger-like wings that enclose an atrium. The spaces that make up the atriums consist of a series of sky gardens, in the Islamic tradition of planted spaces within buildings.

Air Apartments

Broadbeach/Queensland Australien **Australia**

Architekten **Architects**
Ian Moore Architects, Sydney: Ian Moore
Bauherr **Client**
Thakral Developments, Sydney
Höhe **Height 132 m**
Fertigstellung **Completion 2006**
Nutzung **Use**
Wohngebäude über einem bestehenden Shoppingcenter
Residential apartment building above an existing shopping center

Der Bau gliedert sich in einen zweigeschossigen Riegel und zwei vertikale Türme; diese sind nur eine Wohnung tief, um natürliche Querlüftung zu ermöglichen. Die Schattenwürfe des unregelmäßigen Rasters der Balkonplatten und -trennwände akzentuieren die Struktur und Maßstäblichkeit des Gebäudes.

The building is articulated by a two-story horizontal bar and two vertical towers; these are one apartment deep to allow natural cross-ventilation. The shadows created by the irregular grillage of the balcony slabs and blade walls provide further texture and scale to the building.

Bahrain World Trade Center

Manama Königreich Bahrain **Kingdom of Bahrain**

Architekten **Architects**
Atkins: Shaun Killa (Leiter Architektur, **Dubai Head of Architecture, Dubai), Naveen Dath**
Bauherr **Client** vertraulich **confidential**
Höhe **Height 240 m**
Fertigstellung **Completion 2008**
Nutzung **Use**
Mischnutzung **Mixed use**

Die Form des Turmes ist im Wortsinn vom Wind modelliert, um optimale Luftströmungen für die drei Turbinen von je 29 Metern Durchmesser zu erzielen, die über 15 Prozent des Energiebedarfs des Turmes erzeugen.

The towers' shape is literally carved out by the wind to create the optimum air flow for the three 29-meter diameter wind turbines that generate more than 15 percent of the towers' energy requirements.

Beetham Hilton Tower

Manchester Großbritannien **United Kingdom**

Architekten **Architects**
Ian Simpson Architects, Manchester: David Green
Bauherr **Client**
The Beetham Organization, Liverpool
Höhe **Height 168,87 m**
Fertigstellung **Completion 2007**
Nutzung **Use**
Wohnungen, Hotel **Residential apartments, hotel**

Der Beetham Hilton Tower ist einer der höchsten Wohntürme in Europa und stellt ein Sinnbild für den Strukturwandel in der Stadt Manchester dar. Die Wohnungen nach Süden hin werden von einer Doppelfassade mit integrierten Balkons als Erweiterung der Wohnfläche abgeschirmt.

The Beetham Hilton Tower is one of the tallest residential towers in Europe and emblematic of the structural changes in the city of Manchester. The residential apartments in the south are protected by a double-skin façade that contains balconies as an extension of the living space.

Chaowai Men

Peking **Beijing, China**

Architekten **Architects**
Steidle + Partner, München **Munich** und **and Strategy Architectural Design Co. Ltd.,** Peking **Beijing: Otto Steidle, Martin Klein (Steidle + Partner); Yang Nan, Chen Min, Qui Zhi, Fan Shuheng (Strategy Architectural Design)**
Bauherr **Client Beijing Glory Real Estate Development Co. Ltd.,** Peking **Beijing**
Höhe **Height: 100 m**
Fertigstellung **Completion 2006**
Nutzung **Use** Mischnutzung (Büros, Wohnungen, gewerbliche Flächen) **Mixed use (offices, apartments, commercial space)**

Das Thema „Einheit und Vielfalt" stellt eine besondere Herausforderung in diesem architektonischen und urbanen Kontext dar. Geometrisch gestaltete Zwillingstürme konstituieren den innerstädtischen Häuserblock und bilden einen öffentlichen Innenhof auf dem Dach der Gewerberäume aus.

With the theme of "Unity in Diversity", a twin tower with a strong geometry was adopted to constitute the city block and form an inner public courtyard on the roof of the commercial premises.

Eureka Tower

Melbourne Australien **Australia**

Architekten **Architects**
Fender Katsalidis, Melbourne: Karl Fender, Nonda Katsalidis
Bauherr **Client**
Eureka Tower Pty Ltd., Melbourne
Höhe **Height 300 m**
Fertigstellung **Completion 2006**
Nutzung **Use** Wohngebäude mit öffentlicher Aussichtsplattform **Residential apartment building with public observation deck**

Für das Grundstück gab es eine vorherige Baugenehmigung für zwei Türme. Indem der eine auf die Spitze des anderen gesetzt wurde, entstand ein Statement für verdichtetes Wohnen, entgegen der herkömmlichen Haltung in Melbourne zugunsten einer suburbanen Bebauung mit niedriger Dichte.

The site had a previous permit for two towers. Putting one on top of the other created a symbol of high-density living over what has traditionally been the low suburban density mindset of Melbourne.

Hesperia Hotel and Conference Center

L'Hospitalet/Barcelona Spanien Spain

Architekten Architects
Richard Rogers Partnership, London: Andrew Partridge
Bauherr Client
Hoteles Hesperia S. A., Barcelona
Höhe Height 105 m
Fertigstellung Completion 2006
Nutzung Use Hotel und Konferenzzentrum Hotel and conference center

L'Hospitalet ist Kataloniens zweitgrößte Stadt und liegt etwa zehn Kilometer westlich von Barcelona. Die Vorgabe lautete, mit dem Neubau ein Wahrzeichen an einer viel befahrenen Schnellstraße, die zum Flughafen führt, zu schaffen und auf diese Weise zu ihrer Transformation in einen attraktiven Boulevard beizutragen.

L'Hospitalet is Catalonia's second largest city and is located about ten kilometers west of Barcelona. The brief was to create a new landmark building adjacent to a busy motorway that leads to the airport, and help transform it into an attractive new boulevard.

Holloway Circus

Birmingham Großbritannien United Kingdom

Architekten Architects
Ian Simpson Architects, London: Stuart Mills
Bauherr Client
The Beetham Organization, Liverpool
Höhe Height 122 m
Fertigstellung Completion 2006
Nutzung Use Wohnungen, Hotel Residential apartments, hotel

Das Hochhaus ist ein Beitrag für die aktuelle Stadterneuerung von Birmingham. Es überblickt den Verkehrskreisel „Holloway Circus" und definiert zusammen mit den beiden benachbarten Türmen die Situation eines Stadttores.

The high-rise is a contribution to the ongoing regeneration of Birmingham. It overlooks the "Holloway Circus" roundabout and complements the two adjacent towers in defining a gateway to the city.

Meriton Tower
Sydney Australien Australia

Architekten **Architects**
Harry Seidler & Associates, Sydney: Harry Seidler (Entwurf Wettbewerb Design architect at the competition stage); Peter Hirst, Hiromi Shiraishi
Bauherr **Client**
Meriton Apartments Pty Ltd., Sydney
Höhe **Height 150 m**
Fertigstellung **Completion 2006**
Nutzung **Use** Mischnutzung (Büros, Einzelhandel, Aparthotel) **Mixed use (office space, retail shopping, serviced apartments, and penthouses)**

Der Turm wurde mit abgewinkelten Fassaden entworfen, um die besten Orientierungen und Blicklinien zu bieten. Die trianguläre Form vermeidet eine direkte Fassadenstellung nach Süden (der Schattenseite) oder eine direkte Ausrichtung nach Westen, die eine umweltbelastende Erwärmung bedingen würde.

The tower was designed to maximize views by angling the façades to offer the best orientations and viewing corridors. The triangular shape avoids creating a direct south-facing façade (the shady side) and a direct alignment west, which would entail an environmentally unfavorable heat load.

PopMoma
Peking **Beijing, China**

Architekten **Architects**
Baumschlager-Eberle, Peking: Stefan Beck; Team: I. Brink, P. Mahler, S. Contratto, G. Klocker, M. Sofia
Bauherr **Client**
Modern Real Estate Development Co. Ltd., Beijing
Höhe **Height 105 m**
Fertigstellung **Completion 2007**
Nutzung **Use** Wohngebäude, Gewerbeflächen **Housing, commercial space**

Mit seiner klaren modularen Gliederung hebt sich der Komplex von der umgebenden Patchwork-Struktur ab. Die Fassade ist, je nach Ausrichtung, mit unterschiedlich abgewinkelten Fensteröffnungen aus Kupfer ausgeführt, um eine Steigerung des Tageslichteinfalls zu erzielen.

With its plain modular structure, the complex sets itself off from the surrounding patchwork fabric. The façade is designed to enhance exposure to daylight with copper window openings beveled differently in accordance with their alignment.

Regent Place
Sydney Australien Australia

Architekten Architects
Foster + Partners, London: Norman Foster, David Nelson, Gerard Evenden, Ross Palmer Co-Architekt Collaborating Architect PTW Architects, Sydney
Bauherr Client
Fraser Town Hall Pty Ltd.; Fraser Suites, Sydney
Höhe Height 150 m (Turm Tower 1)
Höhe Height 110 m (Turm Tower 2)
Fertigstellung Completion 2007
Nutzung Use Wohnungen (Turm 1), Aparthotel (Turm 2) Residential apartments (Tower 1), Serviced apartments, and penthouses (Tower 2)

Das Projekt besteht aus zwei Türmen, die über einem Sandsteinsockel schweben; der Sockel nimmt Bezug auf die bestehenden historischen Gebäude. Die Türme wahren mit internen Loggien anstelle von Balkons ein glattes und nahtloses Erscheinungsbild und entsprechen damit ihren gewerblichen Nachbarn.

The development consists of two towers floating above a sandstone podium, establishing a relationship to the existing historical buildings. With internal loggias rather than balconies, the towers preserve a flush and seamless appearance, matching their commercial neighbors.

Torre Espacio
Madrid Spanien Spain

Architekten Architects
Pei Cobb Freed & Partners Architects LLP, New York: Henry N. Cobb, José Bruguera
Assoziierte Architekten Associate Architects Reid Fenwick Asociados, Madrid
Bauherr Client
Torre Espacio Castellana, S. A. U., Madrid
Höhe Height 224,15 m
Fertigstellung Completion 2008
Nutzung Use Bürogebäude Office building

Torre Espacio gehört zu einer Gruppe von vier Türmen auf der höchsten Erhebung im Norden Madrids, welche die Silhouette der Stadt maßgeblich verändern wird. Die Form des Torre Espacio basiert auf einer „Kosinuskurve" und soll den Ort aufladen, beinahe so, als wäre er ein lebendiger Organismus, dem Boden entsprungen, auf dem er steht.

Torre Espacio is part of a set of four towers located on the highest topographical area north of Madrid and will change the skyline of the city dramatically. The shape of Tower Espacio is based on a "cosine curve" and will energize the site almost as if it were a living organism that has sprung from the earth on which it stands.

Torre SyV
Madrid Spanien Spain

Architekten Architects
R&AS Rubio & Álvarez-Sala, Madrid: Carlos Rubio Carvajal, Enrique Álvarez-Sala Walther, Juan José Mateos, Enrique Encabo Seguí
Bauherr Client
Testa Immuebles En Renta, S. A., Madrid
Höhe Height 236 m
Fertigstellung Completion 2008
Nutzung Use Bürogebäude, Hotel Office building, hotel

Torre SyV ist Teil einer Gruppe von vier Hochhäusern im Norden Madrids. Um die Klarheit des vertikalen Volumens zu verstärken, ist der Turm durch Fugen in drei Teile gegliedert, die auf verschiedenen Niveaus beginnen und enden. Die Doppelfassade mit einer permeablen gläsernen Außenhaut ermöglicht Be- und Entlüftung und verbessert die Temperaturbedingungen im Inneren.

Torre SyV is part of a set of four towers in the north of Madrid. To increase the clarity of the vertical volume, the tower is divided by fissures into three parts that start and end at different levels. The double façade with an external permeable glass skin allows ventilation and improves temperature conditions in the interior.

Vertical Courtyard Apartment
Hangzhou, China

Architekten Architects
Amateur Architecture Studio, Hangzhou: Wang Shu, Lu Wenyu
Bauherr Client
Top Choice Real Estate Ltd. Co.
Höhe Height 100 m
Fertigstellung Completion 2007
Nutzung Use
Wohngebäude Residential buildings

Das traditionelle chinesische Wohnhaus mit zwei Geschossen und einem Innenhof wird in eine verdichtete urbane Form übersetzt. Die Wohnungen haben jeweils Freiflächen, die individuell bepflanzt werden können, und liegen an zweigeschossigen Hofräumen von 22 Metern Länge x 18 Metern Tiefe x 6 Metern Höhe.

The traditional Chinese two-story house with a courtyard is translated into a denser urban form. The apartments each have backyard spaces that can be filled with greenery and border on two-story courtyards of 22 meter length x 18 meter width x 6 meter height.

Wanda Plaza

Peking Beijing, China

Architekten **Architects**
gmp Architekten von Gerkan, Marg und Partner, Berlin/Beijing: Volkwin Marg, Hubert Nienhoff, Stephan Schütz
Bauherr **Client**
Wanda Plaza Property Co., Ltd., Peking
Höhe **Height 104 m**
Fertigstellung **Completion 2007**
Nutzung **Use**
Bürogebäude, Hotel **Office building, hotel**

Zwei Volumen ragen aus einem horizontalen Sockel empor und bilden eine Einheit in der heterogenen Stadtstruktur. Das Fassadenmaterial – gekörnter Granit – betont die übergeordnete Haptik einer abstrakten Steinskulptur und verstärkt deren Wirkung im urbanen Umfeld.

Two volumes rise up out of a horizontal plinth and create an entity within the heterogeneous urban fabric. The façade's material – granulated granite – accentuates the overall feel of an abstract stone sculpture and enhances its impact in the urban surrounding.

The Willis Building

London Großbritannien **United Kingdom**

Architekten **Architects**
Foster + Partners, London: Grant Brooker, John Drew, Ian Whitby, Robert Harrison, Dan Sibert, Jonathan Bell
Bauherr **Client**
The British Land Co. plc; Stanhope plc, London
Höhe **Height 127 m**
Fertigstellung **Completion 2008**
Nutzung **Use**
Bürogebäude **Office building**

Der Firmensitz wurde als Abfolge sich überschneidender gekrümmter Formen entwickelt. Bezug nehmend auf die verschiedenen Größenordnungen zur Ost- und Westseite des Grundstückes treppt sich das Gebäude in drei Stufen zu einem öffentlichen Platz hin ab. Das Energiekonzept wurde mit BREEAM Excellent bewertet. *
* Building Research Establishment Environmental Assessment Method

Willis' London headquarters has been developed as a series of overlapping curved shells. The building steps down in three terraces to a public plaza, responding to the different scales on the east and west of the site. The energy strategy is rated BREEAM Excellent.

7 World Trade Center
New York, USA

Architekten **Architects**
Skidmore, Owings & Merrill LLP, New York: David M. Childs, T. J. Gottesdiener, Carl Galioto, Peter Ruggiero, Kenneth A. Lewis, Chris Cooper, Nicholas HoltEncabo Seguí
Bauherr **Client**
Silverstein Properties, New York
Höhe **Height 226 m**
Fertigstellung **Completion 2006**
Nutzung **Use** Bürogebäude **Office building**

Der Standort des 7 World Trade Center ist symbolisch und emotional stark aufgeladen. Das Gebäude ist frei von selbstreferenziellen formalen Attitüden und setzt einen Maßstab mit seiner städtebaulichen Wirkkraft in Hinblick auf die Klarheit des Entwurfs, Sicherheitsstandards, Nachhaltigkeit und Konstruktionsqualität.

The site of 7 World Trade Center is highly symbolic and emotionally charged. Free of self-referential formal attitudes, the building sets a standard with its urban design implications in terms of design clarity, safety standards, sustainability initiatives, and construction quality.

Dieses Katalogbuch erscheint anlässlich der Ausstellung „Internationaler Hochhaus Preis 2008“ vom 15. November 2008 bis zum 4. Januar 2009 im Deutschen Architekturmuseum, Dezernat Kultur und Wissenschaft, Stadt Frankfurt am Main.

This catalogue is published on the occasion of the exhibition "The International Highrise Award 2008" from 15 November, 2008 through 4 January, 2009 organized by the Deutsches Architekturmuseum, Department of Culture and Science, Frankfurt am Main, Germany.

Idee und Fundraising **Idea and fundraising**
Ingeborg Flagge

Kuratorin **Curator**
Michaela Busenkell

Assistenz **Assistant**
Dorothea Deschermeier

Übersetzungen Deutsch-Englisch
Translations German-English
Jeremy Gaines

Übersetzungen Englisch-Deutsch
Translations English-German
Petra Gaines

Layout Wettbewerbspanels **Layout submission panels**
Deserve Gbr Raum und Medien Design, Wiesbaden/Berlin, Mario Lorenz

Ausstellungsgrafik **Graphic design of the exhibition**
Deserve Gbr Raum und Medien Design,Wiesbaden/Berlin, Mario Lorenz

Ausstellungsaufbau und Hängung
Exhibit setup
Detlev Wagner-Walter, Paolo Brunino, Enrico Hirsekorn, Marina Barry, Achim Müller-Rahn

Leitung Ausstellungsaufbau
Director exhibit setup
Christian Walter

Registrar **Registrar**
Anke Gabriel

Modelle **Models**
Mass Studies, Seoul; OMA Office for Metropolitan Architecture Rotterdam-Beijing; Renzo Piano Building Workshop Genova-Paris; WOHA Singapore

Leihgeber **Lenders**
Hearst Corporation

Modellrestaurierung **Model restoration**
Christian Walter

Sekretariat und Verwaltung **Administrative staff**
Inka Plechaty, Jeanette Bolz, Pascale Baier

Gestaltung Printmedien **Graphic Design Printmedia**
Studio Joachim Mildner, Köln/Zürich

Veranstaltungsorganisation **Event organization**
jazzunique, Framkfurt am Main
Jesper Götsch, Hana-Lisa Rau, Bodo Reichmann

Öffentlichkeitsarbeit **Public relations**
Paul Andreas

Danksagung für großzügige finanzielle Unterstützung
Acknowledgements for generous funding
DekaBank, Partner des of DAM
Stifter des Internationalen Hochhaus Preises und der Ausstellung **Sponsor of The International Highrise Award and the exhibition**

Besonderer Dank **Special acknowledgements**
Bettina Ahrens, Bas Lagendijk, Ulrike Fukas, Christina Gräwe, Katy Harris, Zoe Huxstep, Karen Jung, Serena Khor, Ursula Kleefisch-Jobst, Jan Knikker, Joanne Ormerod, Frank P. Palmer, Marjorie Rodney, Sarah Simpkin, Jenny Stephens, Sungpil Won

Impressum Katalog Imprint Catalogue

Herausgeber Editors
Michaela Busenkell, Peter Cachola Schmal

Redaktion Editing
Michaela Busenkell

Bildredaktion Picture editor
Dorothea Deschermeier

Gestaltung Katalog Graphic Design Catalogue
Studio Joachim Mildner, Köln/Zürich

Umschlagfoto Cover
Chuck Choi

Lithografie Lithography
Farbo Prepress, Köln

Druck und Bindung Printing and binding
GCC Grafisches Centrum Cuno, Calbe

Bibliografische Information der Deutschen Bibliothek
Die Deutsche Bibliothek verzeichnet diese Publikation in
der Deutschen Nationalbibliografie; detaillierte
bibliografische Daten sind im Internet über
http://dnb.ddb.de abrufbar.

jovis Verlag GmbH
Kurfürstenstraße 15/16
10785 Berlin
www.jovis.de

ISBN 978-3-86859-003-6

Abbildungsnachweise Illustration Credits

Umschlag Cover
Hearst Tower, New York
Foto Photo: Chuck Choi

Umschlaginnenseite vorne Inside front cover
Skizze Sketch Hearst Headquarters, New York
Foster + Partners

Grußworte Greetings
5 Jean-Luc Valentin; 6, 7 Fritz Philipp; 9 Chuck Choi

Essay Essay
11 Albert Lim; 12 H.G. Esch Photography; 15 Nigel Young/Foster + Partners; 16, 17 Vanni Archive; 18, 21, 22, 23 Nigel Young/Foster + Partners; 24 Atkins; 27, 28 Roland Halbe Fotografie; 30, 31 Nigel Young/ Foster + Partners

Gewinner 2008 Prize Winner 2008
35 Chuck Choi; 36 Roland Halbe Fotografie; 38 Chuck Choi; 39 Nigel Young/Foster + Partners; 40-43 Chuck Choi; 46 Nigel Young/Foster + Partners; 47,48 Foster + Partners

Finalisten 2008 Finalists 2008
48 Mass Studies; 49-51 Yong-Kwan Kim; 52 Mass Studies; 53 oben top Mass Studies; 53 unten bottom Yong-Kwan Kim; 54 Tim Griffith; 55 Albert Lim; 56 Tim Griffith; 58, 59 Albert Lim; 60 Renzo Piano Building Workshop Architects; 61-63 Michel Denance; 64 oben top Michel Denance; 64 unten bottom Renzo Piano Building Workshop; 65 links left Michel Denance; 65 rechts right Renzo Piano Building Workshop Architects; 67 Frank P. Palmer; 68 Frank P. Palmer; 69 OMA – Office for Metropolitan Architecture; 70 oben top unten links bottem left OMA – Office for Metropolitan Architecture; 70 unten rechts bottom right Frank P. Palmer; 71 OMA – Office for Metropolitan Architecture

Besondere Anerkennung 2008 Special Recognition 2008
72-74 Jean-Luc Valentin; 75 KSP Engel und Zimmermann

Nominierte Projekte 2008 Nominated projects 2008
77 oben top H.G. Esch Photography; 77 unten bottom Rocket Mattler; 78 oben top Atkins; 78 unten links bottom left Daniel Hopkinson; 78 unten rechts bottom right Marhami Arifin; 79 oben top Ben McMillan; 79 unten bottom John Gollings; 80 oben top Rogers Stirk Harbour + Partners; 80 unten bottom Kilian O'Sullivan; 81 oben top Zlatko Dimitrovski; 81 unten bottom Eduard Hueber/archphoto.com; 82 oben top Nigel Young/Foster + Partners; 82 unten bottom Joaquín Felix Marín; 82 oben links top left Rafael Vargas; 83 oben rechts top right Roland Halbe Fotografie; 83 unten bottom Wang Shu/Amateur Architecture Studio; 84 oben top Christian Gahl, Berlin; 84 unten bottom Nigel Young/Foster + Partners; 85 Sundberg/Esto

Umschlaginnenseite hinten Inside back cover
Skizze Sketch Hearst Headquarters, New York
Foster + Partners